千曲

严良堃百年诞辰
纪念文集

ANTHOLOGY IN HONOR OF
THE 100TH ANNIVERSARY OF
YAN LIANGKUN'S BIRTH

中国交响乐团 / 编

文化藝術出版社
Culture and Art Publishing House

图书在版编目（CIP）数据

千曲：严良堃百年诞辰纪念文集 / 中国交响乐团编. 北京：文化艺术出版社, 2025.6. -- ISBN 978-7-5039-7886-9

Ⅰ. K825.76-53

中国国家版本馆CIP数据核字第2025ZR1118号

千曲——严良堃百年诞辰纪念文集

编　　者	中国交响乐团
责任编辑	袁可华
责任校对	董　斌
封面设计	李　响　马夕雯
出版发行	文化藝術出版社
地　　址	北京市东城区东四八条52号（100700）
网　　址	www.caaph.com
电子邮箱	s@caaph.com
电　　话	（010）84057666（总编室）　84057667（办公室） 　　　　84057696—84057699（发行部）
传　　真	（010）84057660（总编室）　84057670（办公室） 　　　　84057690（发行部）
经　　销	新华书店
印　　刷	国英印务有限公司
版　　次	2025年7月第1版
印　　次	2025年7月第1次印刷
开　　本	710毫米×1000毫米　1/16
印　　张	15　　彩插　16页
字　　数	158千字
书　　号	ISBN 978-7-5039-7886-9
定　　价	78.00元

版权所有，侵权必究。如有印装错误，随时调换。

上左 20世纪30年代，严良堃指挥孩子剧团在重庆街头宣传

上右 20世纪40年代，孩子剧团时期，严良堃（左三）在重庆

下 20世纪40年代，严良堃在重庆青木关国立音乐院求学期间留影

上　20世纪40年代，严良堃（后排左三）于青木关国立音乐院求学期间
下　20世纪50年代，严良堃（前排左二）与中央乐团合唱团部分人员合影

20 世纪 50 年代,严良堃在苏联求学期间留影

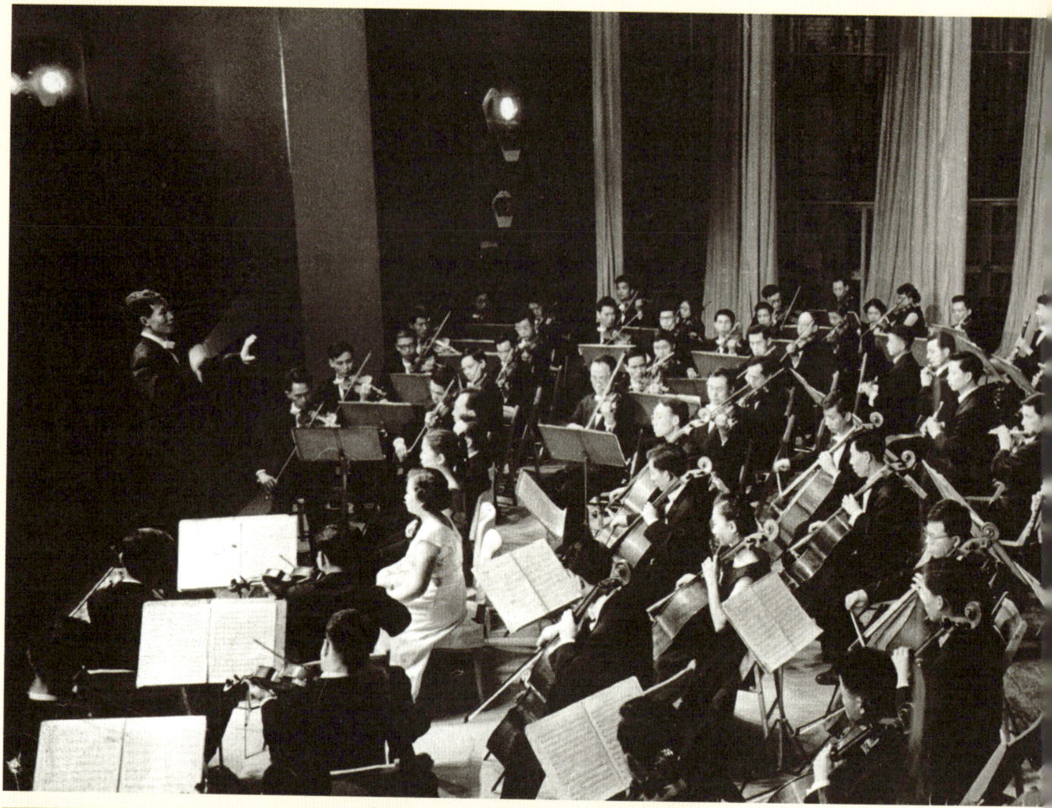

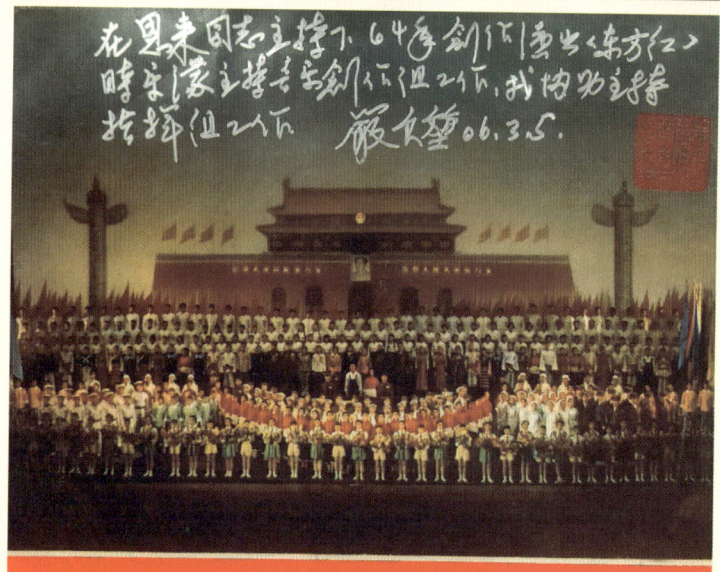

在周恩来同志主持下，64年创作演出《东方红》
时李凌主持音乐创作组工作，我协助主持
指挥组工作 严良堃 06.3.5.
中国唱片
DM-6198
音乐舞蹈史诗 东方红 演出实况录音剪辑
THE EAST IS RED Song and Dance Epic of the Chinese Revolution
— Recorded Excerpts from a Performance

上　　　　1959 年 10 月，严良堃指挥贝多芬《第九交响曲》，首次用中文在中国演唱
左页下　　1964 年出版的黑胶唱片《东方红》
右页下左　1972 年 / 1973 年，严良堃在大连空军疗养院休养
右页下右　1972 年 / 1973 年，严良堃（左二）在大连，与群众艺术馆馆长周家长（左一）等人合影

上　1975年，严良堃在"人民音乐家聂耳、冼星海音乐会"上指挥《黄河大合唱》
下　20世纪80年代，严良堃在民族文化宫指挥《黄河大合唱》

上　1975 年，严良堃在工人体育馆指挥《黄河大合唱》
中　1975 年，严良堃在民族文化宫指挥《黄河大合唱》
下　1979 年，严良堃带领中央乐团合唱团参加菲律宾举办的第一届亚洲国际合唱节

上　20世纪70年代，严良堃与日本作曲家团伊玖磨在中央乐团排练厅排练
下　1980年左右，严良堃与郭淑珍在后台讨论《黄河怨》

上　1985年，严良堃应邀带队参加香港举办的"黄河音乐节"，在香港红磡体育场指挥千人演出《黄河大合唱》

中　20世纪80年代，严良堃在北京家中留影

下　1992年，严良堃（前排左七）参加中国合唱学会第二届全体理事会

上　20世纪90年代，严良堃在八达岭长城指挥贝多芬《第九交响曲》
中　20世纪90年代，严良堃指挥贝多芬《第九交响曲》
下　2000年左右，严良堃（前排左二）参加中国合唱协会《峥嵘之光》合唱排练示范讲座

上　20世纪八九十年代，严良堃（左一）、李凌（左三）、瞿希贤（右二）等在一起
中　2000年左右，严良堃在教学现场
下　2007年左右，严良堃（右二）与青木关老同学合影

上　2012年，严良堃在南昌参加中国合唱协会举办的大师班后，去井冈山参观并留影
下　2012年，严良堃在井冈山偶遇老红军

上　　2013年，严良堃与大剧院合唱团演出时，与观众同唱返场曲《保卫黄河》

中、下　2013年，严良堃在北京音乐厅与"国交"合唱团演出

上　　2013 年，严良堃在嘉兴红船前留影
下左　2015 年，严良堃与李心草在《黄河大合唱》演出前研读总谱
下右　2015 年，严良堃在《黄河大合唱》演出前候场

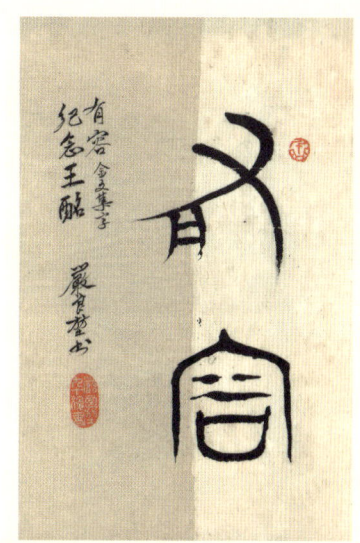

上左　2014年，严良堃为华南师范大学合唱团题字"心声"
上右　2016年，严良堃为王酩纪念音乐会题字"有容"
下　　2017年12月，严良堃去世后，骨灰撒入长江

严良堃指挥风采

严良堃生平

严良堃（1923年12月28日—2017年6月18日），湖北武昌人。著名指挥艺术家，中国交响乐团合唱团创建人之一，中国合唱艺术事业的奠基人之一。历任中央乐团团长，中国文联委员，中国音协常务理事、副主席，合唱指挥学会理事长，第五届、第六届全国政协委员。

1959年，为庆祝新中国成立10周年，中国首演贝多芬《第九交响曲》，由严良堃执棒。他在大型音乐舞蹈史诗《东方红》中主持指挥组工作。他17岁就登台指挥了《黄河大合唱》。1975年，他主持整理改编"中央乐团演出本"的《黄河大合唱》，成为迄今为止最经典的版本。他一生中指挥这部名曲已逾千场，是指挥《黄河大合唱》的权威。

严良堃作为一位优秀的共产党员，少年时就师从冼星海学习指挥，自学乐理，参加抗日救亡歌咏活动，见证了《黄河大合唱》最初版本的诞生并与之产生了长达70余年的难舍情缘。1938年，他参加"抗敌演剧九队"，后转入"孩子剧团"，开始其指挥生涯。1942年考入国立音乐院理论作曲系，师从江定仙，并随吴伯超学习指挥。1947年7月担任香港中华音乐学院教师，从事理论作曲、指挥等教学工作。1949年7月在北平参加第一届文代会，同年在中央音乐学院任教，并担任该院音工团指挥。1952年11月任中央歌舞团指挥。1954年赴莫斯科柴科夫斯基音乐学院攻读研究生，主修交响乐及合唱指挥，师从尼·阿诺索夫及符·索可洛夫。1958年回国后，历任中央乐团——中国交响乐团常任指挥、团长、艺术顾问等。他将中央乐团合唱队的艺术水准提到了相当高的水平，其中付出的心血非常令人尊敬。

几十年来，严良堃为繁荣我国音乐艺术事业，尤其是在提高与普及合唱艺术上勤勤恳恳、孜孜以求、精益求精、任劳任怨。1940年，在重庆指挥"孩子剧团"首演《黄河大合唱》。1961年，在"哈尔滨之夏"音乐会上，首次指挥中央乐团合唱队演出了合唱音乐会。1964年，在大型音乐舞蹈史诗《东方红》中主持指挥组工作。1979年，他率中央乐团合唱队赴菲律宾马尼拉参加国际合唱节，得到国际上的好评。1983年，为表彰他在介绍柯达依作品和教学中的贡献，匈牙利柯达依纪念委员会授予他证书和纪念章。1984年，任音乐舞蹈史诗《中国革命之歌》指挥组组长。1985年，率团参加香港"黄河音乐节"，指挥千人参加的《黄河大合唱》，引起海内外轰动。同年10月，应邀再度赴港参加"亚洲艺术节"，指挥专场合唱音乐会。1986年，在第二届"北京合唱节"中，由他指挥的中央乐团合唱队（现中国交响乐团合唱团）获专业组比赛一等奖。1992年，率中央乐团合唱队赴新加坡举行五场合唱音乐会演出，受到新加坡人民的热烈欢迎，为鼓舞、团结华侨热爱祖国、宣传祖国文化艺术的繁荣做出了巨大贡献。当地媒体报道，他"为新加坡文化沙漠送来了甘露"。同年，他率领中央乐团合唱队参加了由世界合唱联盟举办的国际合唱节，取得了巨大的成功，世界合唱联盟表示：世界合唱联盟不能没有中国合唱团。2015年11月，他被国际合唱联盟世界合唱博览会授予世界合唱终身成就奖。

严良堃为普及提高合唱艺术不辞辛苦，经常赴全国各地和高等院校讲座并指挥大型业余合唱团演出。1986年，在时任文化部代部长周巍峙的支持下创建了"中国合唱指挥协会"，即现在的"中国合唱协会"。在他的指挥下，中央乐团合唱队（现中国交响乐团合唱团）首演了大量国内外优秀、经典合唱作品，这些作品成为中国合唱界的范本。他指挥中央乐团合唱队演出了数百台合唱专题音乐会、星期音乐会，向国内外听众介绍、讲解了世界各国的优秀、经典合唱作品。他扶持、指挥了许多国内作曲家创作的合唱作品，为普及中国本土合唱做出了巨大的贡献。在他严格培训下，中央乐团合唱队成为一支业务过硬、享誉国内外的专业合唱队伍。合唱团团员们在他的耳濡目染下，也成为中国合唱事业的传播者和领军者。他为提高我国的合唱整体艺术水平做出了巨大贡献。

严良堃的指挥细腻严谨，乐风含蓄抒情，动作潇洒洗练，是中国最杰出的指挥艺术家之一。他高尚的品格和为艺术事业的奉献精神，是中国音乐界和中国交响乐团的宝贵精神财富。

永远的榜样　无尽的思念
——怀念恩师严良堃先生

李心草

2023年是我国著名指挥家、原中央乐团团长严良堃先生诞辰一百周年。在这一特殊时刻，我们编就这部《千曲》纪念文集，回忆、怀念并学习他的高尚品德与为艺术执着奉献的精神。所谓"操千曲而后晓声，观千剑而后识器"，严先生一生不尚空谈，敏于学习，勇于实践，始终在交响乐民族化创造性转化、创新性发展与传承传播的多维时空中不懈求索，终成一代音乐巨擘。严先生一生指挥演出过一千余场《黄河大合唱》，是这一经典曲目的权威诠释者。我们回顾先生一生的艺术道路，是为了凝练升华其艺术精神，努力创造传承更多契合时代需要的本土音乐经典，以告慰先生的在天之灵。

星霜荏苒，恩师严良堃先生离开我们已经整整七年了。无论在特殊的纪念日演出、座谈，还是在日常的排练、工作中，甚至是平日的某些时刻，严先生的音容笑貌、一言一行，常常浮现在我的脑海中，有时甚至能感觉到他注视的目光，耳边似乎能够听到他提醒、指点的声音。言犹在耳，乐犹在耳，我总感觉先生并没有离我们远去，先生还在我们的指挥行列之中。在纪念严良堃先生诞辰一百周年的时候，这种感觉尤为强烈——并未远去的严先生犹如一座高山、一条大河,永远陪伴着我们。

一、高山景行,德艺双馨

作为一名音乐工作者,一位指挥,恩师严良堃先生在我的心中永远是"音乐的伟人",更为形象的描述也许是一座矗立在我们身边的一座令人仰止而又可亲可敬的高山。

众所周知,严先生的音乐实践和中华民族救亡图存的命运紧密相连,与新中国音乐事业的蓬勃发展密不可分。1938 年,15 岁的严良堃挥别自己做桥梁工程师、建武汉长江大桥的梦想,积极参加到为抗战呐喊的抗敌演剧九队中,后调至孩子剧团。他参加了人民音乐家冼星海在防空洞的授课,冼星海告诉他的学生们,音乐比其他艺术更能直接感动人,指挥者、表演者要带着感情表演,用感情打动人,指挥要把双手的每个关节都练习得很灵活,像是 10 个精灵在跳舞,但不能单纯地卖弄基本功,要为音乐的情感和意境服务。这些教诲跟随了严良堃一生的音乐指挥生涯,也传给了我们这些后辈。1940 年,17 岁的严良堃首次指挥"孩子剧团"公演了《黄河大合唱》,从此开启了他与《黄河大合唱》的千场之缘。1942 年,严良堃考入国立音乐院理论作曲系,师从江定仙教授,并随吴伯超先生学习指挥。1949 年,在中央音乐学院任教并担任该校音工团合唱指挥。1952 年,任中央歌舞团指挥。1954 年,赴苏联深造,为柴科夫斯基音乐学院指挥系研究生,主修交响乐及合唱指挥,师从尼·阿诺索夫及符·索可洛夫。1958 年回国,任中央乐团合唱队指挥。1959 年,为国庆献礼指挥演出贝多芬《第九交响曲》;1961 年,首次指挥中央乐团合唱队演出了合唱音乐会;1964 年,在大型音乐舞蹈史诗《东方红》中主持指挥组工作；1979年，率中央乐团合唱队赴菲律宾参加第一届国际合唱节；1982年，指挥中央乐团合唱队演唱西欧歌剧合唱音乐会；等等。

严良堃在指挥艺术上深有造诣，他的指挥蕴藏着深刻的思想性与严谨性，刻意发掘作品的内涵来构织各种不同的音乐图景。他指挥过冼星海、聂耳、赵元任、郑律成、田丰、瞿希贤等作曲家的中国合唱作品，贝多芬、柴科夫斯基、德沃夏克等西方作曲家的交响作品，海顿、莫扎特、威尔第、贝多芬、福列等西方作曲家的合唱作品，以及西欧歌剧合唱等古今中外合唱名曲。他还热情地扶持新作的首演，并使一些被遗忘的作品获得新生。

严良堃一生从事指挥事业，为中国合唱艺术事业的发展及合唱队伍的建设做出了重要贡献。他是中央乐团合唱队的创建人之一，经他不懈努力与严格训练，使该队具有较高的音乐素质和演唱水平。此外，他在培养合唱指挥，普及合唱艺术，辅导专业、业余合唱团，为广播、电视、电影录音，录制唱片磁带等方面做了许多工作。

图1　作者与严良堃先生合影

二、初识严良堃先生,"斥巨资"获得贝多芬《第九交响曲》总谱

我 1983 年考入云南省艺术学校学习长笛演奏,1988 年毕业。记得第一次见到严良堃老师是在 1987 年,当时不清楚是什么契机,严老来云南艺校考察,学校在法式小洋楼的校部中组织了一场包括钢琴、长笛、双簧管和声歌等专业学生的汇报演出,我在汇报音乐会上演奏了《阳光灿烂照天山》和《田园幻想曲》两首中外长笛作品,严老对于学生们的表演逐一点评,给予鼓励。我至今还珍藏着当年向严老汇报演出后珍贵的合影照片。

图 2　1987 年,严良堃先生在云南省艺术学校考察时与该校师生合影
(二排左四严良堃、一排左一作者)

1988年上半年，在云南艺校毕业前夕，我到昆明交响乐团实习，当时乐团刚刚成立，准备排演贝多芬《第九交响曲》(简称《贝九》)和《黄河大合唱》(简称《黄河》)，排练过程中邀请中央音乐学院杨鸿年老师指挥，正式演出时由严良堃老师执棒。曲目分别为《彩云之南》《黄河》和《贝九》。声部配置上，除了昆明交响乐团本身的管乐、弦乐声部外，合唱部分聘请了中央乐团合唱队约30人，独唱、重唱部分的四位领唱也都是中央乐团的歌唱家：女高音许晶、女中音胡晓凌、男高音李初建、男中音宋学伟。我在乐团中担任长笛声部和短笛声部的演奏，这个时候我已经在备考中央音乐学院指挥系了。

虽然是实习人员，但我为排练演出做了认真充分的准备，事先已经把本声部所有的乐谱全部背了下来。所以，从严老第一次排练时起，我就没有看过谱子，而是一直盯着指挥的手势，《黄河》和《贝九》前后排练持续了两个多月，其间，严老多次往返北京和昆明之间，当时的情景我还记得特别深刻。

由于那个年代西部地区艺术资源相对匮乏，艺校资料室收藏的《贝九》卡拉扬版录音带仅是第四章的压缩版，所以我最初对《贝九》的认识就只是《欢乐颂》那么十几分钟长度的规模，及至参加昆明交响乐团排练演出时才有机会得窥乐曲全貌，不由得为其恢宏的结构、深刻的思想、多样的动机发展和丰富的表现力所震撼并沉醉其中。一个周末，趁大家排练完休息的时间，我斗胆走到严老面前说："严老师，我能借一下您的《贝九》的总谱吗？"严老并没问我做什么用，就爽快地一指装有总谱的朴素布兜说："拿走，拿走。兜里边儿还有一根指挥棒，你也一起拿走，然后一块儿还给我啊。"我如获至宝地轻轻拿起布兜，发现里面的木制指挥棒还折了半截儿。

这时，严老师突然问我："你要它干吗？"我说："我就想看看。""拿去吧，周一排练的时候还给我就行。"我拿着这份亲炙严老之手泽的《贝九》总谱在昆明市区找到一家复印店，20世纪80年代复印的费用还比较贵，记得当时那份谱子复印了厚厚一本，花费近80元（那时候普通人一个月才30块钱工资），可谓"斥巨资"得到的《贝九》总谱。

严老借我的原版总谱我利用周末一口气看完了，周一就把谱子还给了严老，严老才问我："哎，你这个小孩挺有意思啊，几岁了？"这个时候我就跟严老师说我准备考中央音乐学院指挥系。严老很关心地问我有没有找老师学，我说在跟徐新老师学习，严老连连点头，说："好！好好学，祝你成功，小伙子！"

这就是我与严老最初的交集。

三、走进中央乐团，走近指挥家严良堃

1988年暑假以后，我到北京全力以赴备考中央音乐学院指挥专业。为解决在北京的实际生活问题，我又报考了中国广播交响乐团（现中国爱乐乐团）长笛演奏员，当时乐团缺人，考上之后我在乐团一直工作到1989年高考之前。考进去没吹几场音乐会，突然，在一次排练西贝柳斯《小提琴协奏曲》时，乐团首席指挥兼艺术指导袁方老师指着我说："这一场，让那个小朋友吹首席长笛。"近半年的乐团实践也为我今后的艺术舞台生涯打下了坚实的基础。4月底专业考试过后即回到昆明准备高考，最终考上了中央音乐学院指挥系。

1991年，时值莫扎特逝世200周年，上半年，严老在中央乐团排练莫

扎特的《安魂曲》，那时候我是指挥系大二的学生，去观摩排练，这是我第一次走进中央乐团这个工作环境。当时进去以后，我选择坐在大厅一进门处指挥的右边儿，开始看排练。让我最没想到的是，还没到中间休息的时候，严老在排练中一回身看见了我，他放下指挥棒突然扭头对我说道："你是昆明那个小孩儿！"我说："是啊。""你考上中央音乐学院指挥系了吗？"当时我就像个新兵战士一样，起身立正说道："报告严老师，我已经考上了，我现在已经大学二年级了。""祝贺你啊，小伙子！"他还和当时的乐团音乐家们介绍了一下，说这个是来自昆明的学生，当时我太紧张了，一身汗，人有些发蒙，他还说了好多话我都没记住。

《安魂曲》在北京音乐厅正式演出，我也到现场观看了。自此之后，严老在中央乐团指挥演出，我经常去看排练。当时他已经退休，卸任团长了，他的职务就是合唱团的指挥。我记得特别清楚，1988年在演《贝九》的时候，当时严老已经是团长了，而他其实更看重业务工作，更愿意被称作"指挥家"。

1991年年底，我开始与中央乐团合作，一开始是排练乐队，过了几年也开始做一些合唱团的排练工作，尤其是严先生领衔的合唱团，有相关的工作需要就叫我过去，做助理指挥的工作。严先生要求我要学习好合唱指挥，成为全才的指挥。

1994年，我从中央音乐学院指挥系毕业后被分配到中央芭蕾舞团工作，其间经常去中央乐团看望严先生。1995年，为纪念中国人民抗日战争暨世界反法西斯战争胜利50周年，中央乐团合唱队秋里老师在首都体育馆指挥万人大合唱演出《黄河大合唱》（包括首都各高校大学生合唱团），我当时担任助理指挥，也是严先生推荐的。

从 1995 年开始，我终于如愿以偿地跟随严良堃先生学习《黄河大合唱》。1996 年我出国一段时间，回国后，1999 年新中国成立 50 周年，"十一"前后，我去看望严先生，聊天之间，严先生突然说："心草啊，《黄河》你得好好学学了，以后要靠你们这一辈把它传承下去。"从此我一直跟着严先生上课。

2005 年，为纪念中国人民抗日战争暨世界反法西斯战争胜利 60 周年，文化部在人民大会堂举行大型纪念演出，严良堃先生指挥《黄河大合唱》，我指挥其他的红色经典合唱作品。演出阵容非常庞大，其中包括中国交响乐团、中央歌剧院、中国歌剧舞剧院、中央芭蕾舞团、总政歌舞团合唱团等在京的多家乐团、合唱团。那次，严先生郑重地指定了我作为助理指挥。他说，从乐队方面来讲，"中央乐团（中国交响乐团）的乐队知道我的处理方式，其他乐团的乐队都不是很了解，必须要有一个很了解的人代我去指导这些乐团的排练。我的速度心草一清二楚，他做我的助理指挥我最放心！尤其是合唱团，所有的合唱团他都要按照我的速度、要求去排"。所以，当时那场大型演出，所有的乐队分排、合唱团排练都由我负责，最后合成的时候严先生再排练（最后的合成排练统一集中在中国歌剧舞剧院排练，当时还是在虎坊桥的老院址），正式演出也非常顺利。这次排练我每天陪着严先生，这是我陪伴严先生时间最长的一次，后来他搬到郊区去住，见面的机会就少了。

2015 年，中央音乐学院建校 75 周年校庆，举办了盛大的庆祝活动和系列演出，《黄河大合唱》就是其中一场。当时我担任中国交响乐团的首席常任指挥，那一年我在国内、国外演了很多场《黄河大合唱》，校庆时的这场《黄河大合唱》，由我来指挥除了《黄河怨》的其他部分，《黄河怨》则由当

图3 2015年，作者与严良堃先生同台演出

年92岁高龄的严良堃先生指挥、88岁高龄的郭淑珍先生演唱，他们的再次同台合作，成就了一段佳话。那一次我抓住机会向严先生请教《黄河》一些段落音乐具体细节处理的问题，这也是严先生在世时我和他之间关于《黄河》的最后一次比较深入的交流。后面也有各种关于《黄河》、关于其他音乐问题的交流，但都不及这次集中深入。

图4 2015年，作者与严良堃先生、郭淑珍先生在后台合影

2015年，国家大剧院合唱团举办专场合唱音乐会，演出了包括亨德尔《哈利路亚》在内的一众作品，邀请我指挥。我并不是一名专职合唱指挥，此前也从没指挥过合唱专场，但大剧院那场特意邀请了我。那一场严良堃先生也来了，演出结束后我在后台等严先生，没见他来，忙去询问，得知他年龄大不宜熬太晚就先回去了。而当天时近午夜时分，我接到一个郊区的座机电话，拿起电话，严老的声音缓缓传来："小草，我是严良堃啊。"严老师从第一个曲目开始，指出指挥处理得好在哪儿、不好在哪儿，他指出现场《哈利路亚》的主题、对题、答题哪里处理得不好，中国曲目《牧歌》哪里处理得不好，等等。说了将近一个小时。最后，严先生说："行了，我要去睡觉了。但是，今天我要跟你说一件最重要的事情——这么多年我没有说过，但现在我宣布，李心草是一位合唱指挥了！"现在回想起来，那是我和严先生通过的最后一个电话。后来在各种场合我们也见过，但电话通话那是最后一次。

有时，艺术作品与艺术家之间的因缘会莫名地使彼此"遇见"、契合。用《安魂曲》致敬逝去的前辈，是国际上很多纪念音乐会都会采用的形式，2018年先生逝世一周年之际，6月18日晚，中国交响乐团在北京音乐厅上演"严良堃逝世一周年纪念音乐会"，我指挥国交及国交合唱团以莫扎特的这一首《安魂曲》献给我们指挥界的泰斗严良堃先生。而我选择这部作品还有独特的原因，即我第一次听莫扎特《安魂曲》的现场，就是在上述严老师执棒排练的现场，我想这也在某种程度上复现了当年严先生的艺术轨迹。迄今为止，我执棒过两次莫扎特《安魂曲》，一次是纪念我的恩师徐新先生，另一次就是这次纪念严老。

图 5　2015 年，严良堃先生与郭淑珍先生同台合作（作者拍摄）

四、传承《黄河》爱国情

我于 1991 年 12 月开始指挥中央乐团，为陈佐湟、胡咏言做助理指挥的工作。之前胡咏言先于暑假带我去了上海，在上海交响乐团排练了一个月。有一次中央音乐学院演出《黄河大合唱》，学校推荐我做助理指挥工作。严先生听说后对我说："你已经吹过长笛了，这次演出争取到合唱队中演唱。"于是我报名参加了合唱队，在男低音声部，在李华德老师的指挥下演唱了《黄河大合唱》。

严良堃少年时代投身革命，曾跟随《黄河大合唱》的曲作者冼星海学习，他从小就热爱这部作品，整个音乐生涯是在《黄河大合唱》的歌声中成长起来的。《黄河大合唱》是歌颂中国人民英雄的颂歌，是弘扬中华民族伟大精神的诗篇，因此具有永久不衰的艺术魅力和旺盛的生命力。《黄河大合唱》这部不朽的作品，从它诞生那天起，就一直培育、滋养、鼓励着严良堃。

无论在什么情况下，严良堃始终在用生命诠释音乐，也感染着周围的人。有一次，在人民大会堂演出《黄河大合唱》时，严老因血管堵塞刚做了3个支架，但他毫不在意，仍然拿着指挥棒"跳"上舞台，再跃上指挥台。这次演出让所有观众都感动得热泪盈眶。有人赞扬严良堃，说他瘦小的身体里能释放出巨大能量，让观众激动不已，铭刻在心。

几十年跟随严良堃先生学习合唱指挥，深感严先生一辈子在专业上孜孜以求，对自身、对音乐态度的共同关键词不外乎"严格、严肃、严谨"。

严良堃先生一生指挥演出《黄河大合唱》逾千场。从1979年起，他在海外指挥演出《黄河大合唱》200余次。有一次，在旧金山华人集会上演出结束后，海外华侨们对严良堃说："黄种人在欧美还是受歧视的。听完《黄河大合唱》，感觉自己腰杆子硬了，鼓起了我们的民族自尊心。"

2015年8月24日，"纪念中国人民抗日战争暨世界反法西斯战争胜利70周年"大型交响合唱音乐会在北京音乐厅举行，已是92岁高龄的严良堃先生再次登台指挥《黄河大合唱》。作为《黄河大合唱》的权威指挥和主要诠释者，面对赞扬，他总是谦虚地讲："这并不是我个人的成就，是星海的伟大，是《黄河大合唱》中所蕴含的那种民族气魄、爱国精神和音乐强烈的感染力，使人民感动了。"

正是在那场演出结束后，严先生走下舞台，将指挥棒交到了我的手中。他要我始终记得星海先生对他的教诲："上台不要卖弄，不要表现音乐之外的东西。"严良堃对《黄河大合唱》有着精辟的诠释，而我认为，他的诠释中最为重要的一点便是音乐的朴素大方。这种演绎尽管朴素，却已表现了音乐中所有的情绪；在结构感的铸造上他可以做到全篇浑然一体，严先生总能成功地把高潮留到《怒吼吧，黄河》再迸发。

从1940年指挥"孩子剧团"演出《黄河大合唱》到1975年主持编订"中央乐团演出本"《黄河大合唱》，再到2015年参加中国交响乐团"纪念中国人民抗日战争暨世界反法西斯战争胜利70周年音乐会"演出《黄河大合唱》，严良堃都显现了他对《黄河大合唱》艺术上忠实于原著的严谨态度，对作品的深刻理解以及精彩绝伦的二度创作。严老认为，由于当年受创作条件所限，最初版本的《黄河大合唱》尚有不尽如人意之处，1975年版本的确立为《黄河大合唱》走向更宽广的舞台奠定了基础。

接过严先生的指挥棒，我现在指挥《黄河大合唱》已过百场，也得到了前辈和同行的鼓励和肯定。我想，我对《黄河大合唱》的音乐理解、处理逻辑及演绎方式等仍然秉承了严老师的理念与精神。以往无数次在严老师那里上课，观看他指挥《黄河大合唱》，亲承言传身教，汲取精神动力，使我日益深刻体会到《黄河大合唱》的精髓与音乐经典随时代自我发展、自我革新的内蕴逻辑。2023年，由我指挥、中国交响乐团出品、拿索斯唱片公司出版的唱片《"黄河"交响音乐作品》隆重问世（其中包括《红旗颂》《黄河》钢琴协奏曲和中央乐团演出本《黄河大合唱》）。《黄河大合唱》新唱片版本的诞生也象征着这部伟大作品的新传承、新传播、新发展。

新时代、新征程，在严良堃先生等老一代音乐家精神的引领感召下，我们会继续将这部弘扬中华民族伟大精神的诗篇唱遍中国、唱响世界。

高山巍峨,可敬可亲。大河奔腾,传承永续。

严先生,您是我们心目中的音乐高峰、艺术长河。

我们永远怀念您!

2023 年 11 月

目录

1 黄河入海流
——《黄河大合唱》的指挥与处理 / 严良堃

46 为新中国的音乐事业铺路架桥
——冯乃超先生往事点滴 / 严良堃

59 我与《黄河》60年
——答黄叶绿同志问 / 严良堃

75 啜茗叙往：《黄河》声浪七十载
——王安访严良堃 / 贾伟录音整理

85 啜茗叙往：首演《贝九》
——王安访严良堃 / 贾伟录音整理

96 《黄河大合唱》在海外
——访严良堃 / 徐 冬

100 《黄河大合唱》各版本的产生和流传 / 严 镝

120 严良堃关于《毛泽东诗词五首》合唱套曲的讲解 / 邓文欢整理

132	"我们的血管是黄河的支流"
	——严良堃谈新中国早期合唱艺术的国际交流 / 叶　飞
137	严良堃的指挥思想及其贡献 / 石一冰
156	中央乐团版《黄河大合唱》的一点回忆 / 陈兆勋
159	黄河奔腾忆严老 / 李培智
164	严指挥领我诵《黄河》 / 瞿弦和
171	严良堃先生与我国高师合唱指挥教育 / 陈家海
175	怀念严指挥 / 肖铭炎
180	拿什么纪念您
	——写在严良堃一百周年诞辰之际 / 李初建
186	中国合唱的基石 / 陈　雄
189	我心中的严老头儿 / 左文龙
192	怀念指挥艺术巨匠——严良堃 / 王琳琳口述，段梦整理
195	严良堃指挥艺术观、人文精神和音乐美学思维 / 田晓宝
202	走近大师 / 蓬　勃
206	心声：唯乐不可以为伪
	——严良堃先生指挥学术思想的影响 / 苏严惠
213	师恩如明灯，照亮我一生
	——追忆敬爱的人生导师严良堃 / 张红彬
216	严良堃：把党培养我的本领用在为人民服务上 / 屈　菡

黄河入海流
——《黄河大合唱》的指挥与处理

严良堃

一、引子

合唱套曲《黄河大合唱》(简称《黄河》),是在抗日战争最艰苦的年代1939年创作的,到1999年,已经整整60年了。它写于抗日战争年代,描写的内容是那次战争给人民造成的苦难和中国人民的英勇斗争,以及中华民族不屈不挠的精神。但是它的影响没有局限在那个时代。60年来,《黄河》的歌声越唱越响,《黄河》的影响越唱越广。到现在,它不仅唱遍了海峡两岸的中国大地,在世界的各个角落,只要有华夏儿女生息,就能听到《黄河》——它成了中华民族精神的象征。

《黄河大合唱》诞生在延安的窑洞里,由光未然(即张光年)作词,冼星海作曲。1939年3月,诗人光未然创作了一首长诗《黄河吟》,应星海的要求,改为八段可谱曲的歌词。在歌词朗诵会上,诗人的吟诵声刚罢,星海便一把抢过歌词说:"我有把握把它写好。"他把自己关在窑洞里,六天后,谱出了《黄河大合唱》这部伟大的作品。《黄河大合唱》于1939年4月13

日在延安首演，随后便在遍地烽火的中国大地上迅速传开，这部作品的传播速度之快、范围之广是人们没有预料到的。

当时，不仅有延安的文艺工作者和抗日军民演唱《黄河》，大后方广大抗日军民都喜欢唱《黄河》。那时，所有的工矿企业、机关学校，几乎是有人群的地方，都能听到《黄河》的歌声，就连国民党宪兵去上操，都唱着："风在吼，马在叫，黄河在咆哮，黄河在咆哮！……"要知道，那时的国民党宪兵是专门对付共产党的，却唱着共产党地区传来的歌。可见《黄河》在当时影响之深。

即使到了解放战争、抗美援朝以至和平建设、改革开放时期，《黄河》也是最受欢迎的保留曲目。这远远超过了作品写作年代和地区的局限。战争时期演唱《黄河》，鼓舞了中国人民抗战的信心和勇气。现在演唱这一曲目，又起到了凝聚全世界华人的作用。

半个多世纪以来，《黄河》在海内外久演不衰，这是为什么呢？黄河流域是中华民族的发祥地，她哺育着中华儿女，也滋养了伟大的华夏文明，歌唱自己的"母亲河"，每个中国人都会感觉到格外亲切。再有，近一百年的历史，中国备受外国列强的欺侮，每次反抗侵略战争结束，都是由中国割地赔款。抗日战争成为中华民族反侵略战争的新篇章，是以侵略者在投降书上签字为结束。《黄河》唱的正是这一令人鼓舞的历史，所以不论海内外的中国人，唱到《黄河》，都感觉到作为中国人的自豪。

我从1940年不满17岁就开始指挥《黄河》，近60年来，《黄河》一直在培育、滋养、鼓励着我，我是在《黄河》的乐声中成长的；每次演出《黄河》，都会增加一些新的感受和心得。因此，我愿意把自己指挥《黄河》中的一些体会告诉大家。

二、《黄河》各段的处理

《黄河大合唱》在体裁上属于合唱套曲，即 Cantata，这是一种外来的音乐形式，常用来表现叙事、抒情以及史诗题材的音乐作品，一般按照情节分为若干个段落，有合唱、独唱、重唱等若干演唱形式。《黄河大合唱》共分为八个段落，我按照各个段落来讲解对它们的处理。

（一）《黄河船夫曲》

这是《黄河大合唱》的第一乐章，可以看作"大开门"乐章。星海对它的处理非常独到。当时正处于中华民族的危亡之际，是在抗战最艰苦的阶段，所以这个开头没有像国外传统合唱套曲的序曲那样，"规规矩矩"地概括第一、第二主题，然后将乐曲引入正式乐段。星海没有采用这一"套路"，而是根据当时民族斗争的情景，采取了先声夺人的艺术手段来处理开头。

1. 先声夺人

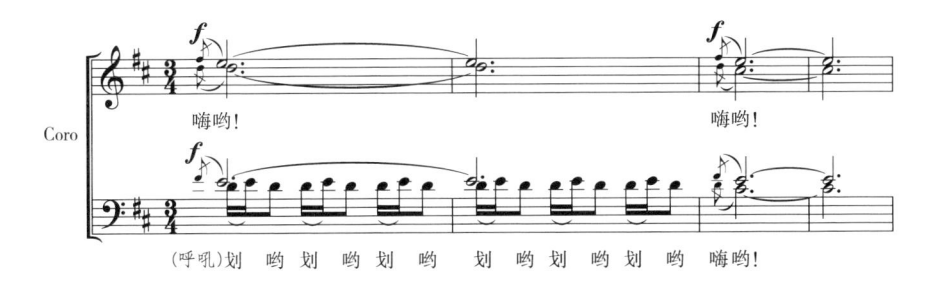

当朗诵词朗诵完最后一句"……那么，你听吧！"合唱队唱出的第一声"嗨哟……"时，嘿！惊心动魄，简直把人的五脏六腑都震动了。（见谱例1）

谱例1：

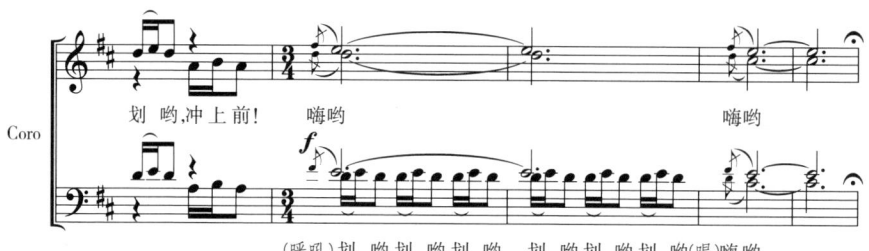

听说《黄河》第一次在延安演出时，这第一声一出来，就把全场人都震住了，有的人以为歌声冲穿了大礼堂的屋顶呢！在大自然中也有这样的情形，我曾几次乘船走过三峡，过了万县，来到瞿塘峡时，万水争一门，轰然一声，震撼了人的整个身心，这种感觉，就是《黄河船夫曲》的开头。

这种手法落实到演唱上，是连续 13 个小节不换气地一气呵成，中间没有休止（星海的原谱上就没有标休止符）。这么长的一句，是不可能不呼吸的，所以在 6—9 小节处加了休止符，采用了循环呼吸的方法来演唱，听起来这 13 小节还是完整的一句，没有间歇。

2. 粗犷豪爽

为了营造这种震撼心灵的艺术效果，需要引入"非歌唱"的表演。我不是太欣赏自然主义的演唱，艺术作品的表现，不能完全模仿生活，和生活完全一样还叫什么艺术呢？而在《黄河》的这一段，却需要适当地用一些自然声来制造气氛，但不要过分。1—2小节的六声"划哟"，让男低音用呼吼声音来表达，以烘托紧张而有力的气氛。

这首曲子的中间有4声"嗨，划哟"，"嗨"也要用自然声唱出。（见谱例2）

谱例2：

（男声"嗨"用呼吼）

星海曾说《黄河船夫曲》是表现中国人民的"力"。要唱出中华民族的勤劳与勇敢。演唱时，其中的"嗨"要用呼吼，由男声来担任，要吼得比乐谱中的音高高一些，用男性的粗犷来表现面对风险时的拼搏精神。

曲子的末尾还用了一次自然声，"嗨哟"后面的"笑声"。（见谱例3）

谱例3：

这不是歌唱，而是充满自信的欢笑声。一共要笑 4 小节，每小节四拍，一口气笑不下来，最多"哈"四拍气就不够用了，那样会影响作品的形象。怎么办？可以采用"接力"的方法。先一起"哈"四拍，然后男高音和男低音轮流各"哈"四拍，最后四拍再一起"哈"，"接力"的中间不要有缝隙。这样使得声音连绵不断，此起彼伏，增强了音乐的感染力，用这种庞大的气势来表现我们中华民族不屈不挠的斗争精神。

我觉得在这段曲子中使用三次自然声就够了，事不过三嘛。有的指挥处理结尾的几个"嗨……"时也用自然声，这就有些多余了（见谱例 3）。因为最后的一个"嗨"是长音，要唱在旋律音上，前面是三个自然声的"嗨"，最后又接有音高的"嗨"，好不统一。再者自然声用得太多也显得絮烦，最好还是照谱演唱。

3. 安稳平衡

统一、平衡、和谐，构成了合唱表演技巧的三个要素，是合唱艺术的基本功。其中，"平衡"在《黄河船夫曲》的中段就显得特别重要。这里的音乐是主调和声织体，安定平稳，要为后来的"波澜再起"做铺垫。（见谱例 4）

谱例 4：

这里，平衡的关键是男高音。男高音在合唱队中是表现力最强、变化最丰富的声部。他们有真声、半假声、假声几种截然不同的音色，而音量的变化幅度又非常大，他们对高音音量的控制比其他声部要自如得多，要善于在合唱中充分发挥他们的优势。但是，在这个地方却要"镇压"男高音。这四小节和声是密集位置，男高音的绝对音高虽在女低音之下，但却处在自己的"高音区"，稍微用力就会非常突出地压过其他声部，这样合唱的整体平衡就被破坏了。所以说，这里男高音是平衡的关口，指挥一定不能让他们的音量超过女低音，而是把他们的音质、音量处理得相当于第二女低音，这个问题解决好，中间段的音乐形象就对头了。

4. 余波未平

谱例5：

如谱例 5 所示，这首曲子末尾的渐弱（dim.），要注意不要处理成突弱（sub.p）。它表现斗争还在继续，如果过早地弱下来，就成"偃旗息鼓"了。不能在第二个"划哟"就弱下来，而要在第三个"嗨"时才开始逐渐轻，让后面有再弱的余地，使所塑造的形象隽永深远。

最后的"嗨"，只用男声，不用女声。加入女声会使声音因单薄而显得不够深沉，如果要加，可以只让女低音低八度唱。

（二）《黄河颂》

《黄河大合唱》中有两首独唱，一首是男中音演唱的《黄河颂》，一首是女高音演唱的《黄河怨》。这两首曲子都是"功夫戏"，这是戏曲界的一句行话，意思是要求"人保戏"而不是依赖"戏保人"，演唱的人必须花心思认真琢磨，才能把它处理好。

《黄河颂》这一段，看上去好像很简单，音域不宽，旋律也不复杂，但却很难演唱。我们都知道星海仅用了六天就写好了全曲，但这一段占用了他不少的时间，他写了改，改了又写，根据大家的意见，把前两稿都扔进了字纸篓，第三次才定的稿，可见这一段创作的艰辛。演唱时，也一定要下大力气才能演唱好。

1. 唱有全局

这个曲子，不能拿过来就傻唱，首先要认真分析一下谱子。这首曲子是概括地颂扬我们中华民族的悠久文化和斗争历史的，这样庞大的内涵，用这样一首看似简单的歌曲来概括，有它的难度。这首歌是 C 调，最高音只到 E，全曲中，这个最高音共出现了九次。开头第一句"我站在高山之巅"的"高"字，一下就碰着了最高音。（见谱例 6）

谱例6：

我　　站　　在　高　山　之　巅，

歌曲刚开始，人也有劲，又是在合唱之后上台，很容易拼足了劲儿唱。结果后面的八个E就没劲了，越唱越疲劳，到结束时甚至唱得声嘶力竭，使听众难受。所以唱这首歌要事先把这九个E安排好，孰轻孰重，开口唱之前就要心中有盘算。

全曲有两个E是这段必保的重头音，这就是第三个"啊"和最后的"坚强"的"坚"字，这两处能唱得气息充足、音质饱满，整个曲子就成功了一半。其他的几个E要合理分布，尤其是第一句的那个高音，不能唱得太响，要"收"着一点唱，开始时一"冒"，后面就无法施展了。

2. 相似处求不似

这首歌里面有一些旋律相同的地方，比如开始的一段，有三个地方的旋律都是"do re mi sol"，要用不同的语气来处理。"浊流宛转……""从昆仑山下……"和"把中原大地……"三句的旋法基本上是一样的，如果用同样的语气来唱，显得沉闷，不光会把听众都"转晕"了，自己也会绕在里面（见谱例7）。在这里，指挥要根据词句的顿挫给演员一些启发，让演唱者自己去有区别地发挥。

谱例 7：

还有一个地方，是那三个"啊"的演唱，要唱得有层次有区别，不仅节奏、音量要有变化，性格上面也要有差异。第一个"啊"，是歌唱我们祖国的文化传统的，要唱得平稳、亲切，不要太激昂，"legato"一些；第二个"啊"，是歌唱我们民族的斗争传统，要唱得有控制地激昂，要"non legato"；第三个"啊"要唱得开展饱满，这是第一个高潮。这样处理就显得有层次而不絮烦了。（见谱例 8）

谱例 8：

啊　　　黄　　河

3. 有张有弛

结尾的处理要有弹性，从第三个"啊黄河"开始，将曲调拉开，要唱得宽广辽阔，富于激情，最后的"坚强"要唱得饱满结实。但全部都唱成宽广辽阔，不仅没有层次，演员也会感到气息不够而难以胜任。要用宽紧交替、张弛相间的方法，在"你一泻万丈"的地方，开始把速度拉宽，但在"向南北两岸伸出千万条铁的臂膀"将速度稍微拉紧一些，到了"……滋长"以后，再拉开，这样就会使最后结尾显得更有气魄。（见谱例9）

谱例9：

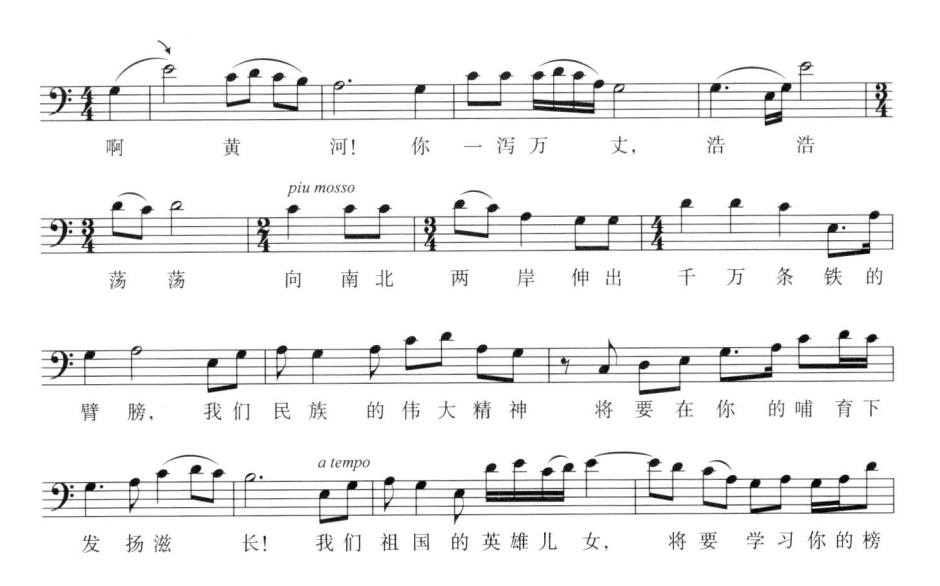

啊　黄　河！你一泻万丈，浩浩

荡荡　向南北　两岸 伸出 千万条铁的

臂膀，我们民族的伟大精神　将要在你的哺育下

发扬滋　长！我们祖国的英雄儿女，将要 学习你的榜

[乐谱]

样，像你一样的伟大坚强，像你一样的伟

大　　坚　　强。

（三）《黄河之水天上来》

《黄河》第一次在延安演唱时，唱了八段，接着在重庆演唱也是八段。可在后来将近 50 年的时间内，《黄河》的演出只演唱七段，而省略了其中朗诵和三弦相配的《黄河之水天上来》一段。其中主要原因，是缺乏担任朗诵的合适角色，再就是演奏三弦的演员不太好找，所以在演出中经常把这一段给省略了。这一省略就是 50 年。

1987 年，为纪念卢沟桥事变 50 周年，在卢沟桥畔的抗日战争纪念馆演唱《黄河大合唱》时，恢复了这一段的表演。到现在，大多数《黄河》的演出，都恢复了这一段。在这十几年的表演实践中，涌现了不少朗诵人才，为《黄河》的完整演出增添了光彩。

1. 琵琶是主奏

现在的演出本中，对配器做了一些改动：把三弦改成了琵琶，并把它的地位从伴奏提为独奏。演出时，我们把琵琶和朗诵都安排在乐队的前面，表明它们是表演的主体。这种改动是有根据的，时乐濛说，《黄河》第一次在延安演出，这段的演奏者李鹰航会弹三弦，所以就使用三弦了。如果李鹰航有一支琵琶，这段的演奏一定会用琵琶的，因为琵琶的表现幅度比三弦要丰富。

这段有一半的篇幅是由琵琶与朗诵来表演的，其他在几个段落增加了乐队，比如开头、结尾和中间的几个高潮的地方，用乐队来接应琵琶。处理时，要把乐队作为琵琶的延伸、作为烘托，不要喧宾夺主，主要突出朗诵和琵琶。

2. 与朗诵同步

谱例 10：

谱例 10 所示的这一段朗诵是表演的主体，指挥要与表演者取得默契，演出时保持速度的共同张弛和情绪的同步抑扬。上台演出时，指挥主要是"跟"朗诵，特别是不要在他前面频频地打手势，让朗诵演员根据自己的专业素质和对作品的理解去自然地发挥。

乐队进来时，指挥要根据朗诵的语气和速度灵活地掌握，在"冲散了天上的乌云"一句，要把情绪"扬"起来。别的地方要尽量淡化，不要太浓，只作为朗诵的背景。

朗诵与乐队配合时，节奏的控制比歌唱难一些，常常两方面结束不到一块。但仔细琢磨一下也能找到窍门：一个是指挥要会跟——同步张弛，"并肩"抑扬；再一个是琵琶在接头处灵活地将最后两小节做增（反复）减（提

前奏最后和弦）的处理。演出前请弹琵琶的（乐师）在休息室跟朗诵（员）合上十遍，上台就能浑然一体了。（见谱例11）

谱例11：

（朗诵）黄帝的子孙，像今天这样开始了全国动员（朗诵）英勇的故事像黄河怒涛，山丘一般壮烈

（四）《黄水谣》

这首小曲子，结构"A—B—A"，情绪"喜—愤—悲"，一目了然，故常

被选为合唱音乐会上的演唱曲目。本曲色彩反差强烈，虽然第一段和第三段的旋律基本相同，却用了对比的速度，给人完全不同的感受。

1. 连绵顿挫开篇

要以愉快明朗的情绪来处理第一段，这一段的旋律是舒展的，要把它唱得连绵流畅。速度是中板，力度为中强。

这段音乐的旋律写得很美，就像连绵起伏的河水，流动、跳荡，由女声来演唱，更有味道。要处理好这种"横向"的，即旋律性很强的音乐，要特别注意合唱的一个关键要素——统一，要求从声音、咬字到呼吸、表情都非常统一，使旋律的流动不出任何破绽。

但这种流畅是有变化的，处理这段音乐采用了另一个非常重要的艺术手法——对比。对比是艺术表现中常用的、基本的手法之一。动植物、自然现象，以及人体和生活，靠着对比而丰富多彩；没有对比，世界将枯燥无味。塑造艺术形象也是这样，没有顿挫和抑扬就不会衬托出连绵和舒展，对比才会给人留下更新鲜、更深刻的印象。这段音乐的第一个"顿挫"用在"奔腾叫啸"一句，"奔、腾、叫"用不连（non legato），但不是顿音（staccato），"啸"用连（legato）。这里不能每个字全用顿音，艺术不等于自然，艺术手法是点到就行。全用顿音，就不是在描写"如虎狼"的黄河水，而是把自己变成"虎狼"了。（见谱例12）

谱例12：

另外，在演唱"水又急"时，在低音区降 B，女高音很难施展，这时可用突出女低音来表现。

"开河渠"引入了一个新的形象，这里是中国传统艺术手法"起承转合"的"转"。这里表现的是人的活动，在两个附点音的"开"字和"筑"字上用顿音（staccato）稍稍断开，使人有新鲜感，表现生动活泼的一面。（见谱例 13）

谱例 13：

"麦苗儿肥啊，豆花香"用了抑扬对比的手法，"麦苗"轻一点，整句做一个渐强—渐弱，就是常说的"枣核"，突出"香"的形象，使人仿佛真的闻到了豆花的"香味"。（见谱例 14）

谱例 14：

最后的顿挫在"男女老少喜洋洋"的"喜洋洋"上。(见谱例 15)

谱例 15：

指挥排练的任务是按照作品的意思启发、调动合唱队员，来完成艺术形象的塑造。有的指挥用很多的语言解说来激发感情，力图帮助演唱者想象，再来塑造形象。感情上的启发固然重要，但更重要的是要用准确的、恰如其分的艺术手段来塑造形象。歌唱演员使用的"乐器"是人体本身，非常敏感，常受情绪、环境等因素的影响，仅靠想象和感觉来塑造形象，会很不稳定。我年轻时也干过这种事，排练时启发一个小时，唱半个小时，结果不启发时大家就都忘记了。用艺术手法就比较固定。比如说"喜洋洋"的艺术形象，是一种高兴的情绪，怎么来表现，光用摆头、眯眼等辅助的动作表达"喜洋洋"是不行的，合唱是听觉艺术，要让听众"听"出艺术形象来，这需要用合唱特有的手法来塑造"喜洋洋"的艺术形象。处理时，"老少"的"少"用顿音（staccato），"喜"用不连（non legato），唱成"喜一噫"；"洋"用连（legato）。这样来表现，"喜悦"就鲜明而具体了。这种手法的使用点到为止就好，不要用得太多，"过犹不及"，过多会产生相反的效果。

这一段总的原则，是用各种艺术手段来塑造一个"连绵、流畅、明朗"的艺术形象。

2. 大起大落中段

中间段落是这首曲子的关键，也是《黄河大合唱》全曲的转折：中华民族遭受了空前的灾难，东方强盗——日本帝国主义的侵略对中华民族犯下了滔天的罪行。这种情绪的强烈对比，采用了"大起大落"的艺术手法，将力度和速度做大幅度变化的手段来表现的。（见谱例16）

谱例16：

力度的变化突出地表现在"一片凄凉"一句上。从"自从鬼子来"到"奸淫烧杀"的力度一直是"ff",到了"一片凄凉"这句突然转到"pp",从极强转到极弱,产生强烈的对比,用一种压抑的气氛表达深沉的苦难。在排练时,指挥要特别注意"凄凉"的"凄"字,这里的旋律是往上走的,声音也容易往上扬,一直保持的"pp",很容易在这里被破坏。这里女中音的辅句"凄凉"一定不能唱响,因为其他声部唱的是平稳的长音,只有女中音的旋律是流动的,即使唱得很轻,也会自然地显露出来,一定也要控制唱成"pp"。"扶老携幼……"一句仍然要坚持"pp",保证"落"得久一些。"四处逃亡"的"逃"字是张口音,也是容易"露馅儿"唱响的地方。这些都要靠指挥用非常适当的手势控制住合唱队,使听众产生一种强烈的压抑和紧迫的感受。这两句控制好了,"落"得下来,这一段就成功了。

速度的改变是塑造对比形象的另一个重要手段。这种变化,体现在这段乐曲中段速度的"慢—稍快—慢"上，开始一句"自从鬼子来……"是很慢的速度；到中间"丢掉了爹娘……"往上提一点；后面"回不了家乡"的"家乡"再回到原来的速度。这样就把悲愤的气氛烘托出来了。

3. 凄凉悲惨结尾

第三段的再现部分，用的还是第一段的旋律，但却把情绪拉向相反的一面，塑造了中华民族深重的苦难：江山依旧，面貌全非，心中流淌的是亿万人民苦难的血泪。

首先是速度的变化。对速度的敏锐感觉，是指挥很重要的基本功。第一段的速度用每分钟80拍（♩=80），这一段每分钟52拍（♩=52），至少也应该是每分钟60拍（♩=60）。速度一变，情绪自然就从愉快转变成了悲痛。

对这段音乐中第一、二句间呼吸的处理，有一些讲究（见谱例17）：我们中国的传统艺术，比如戏曲演唱的技巧，有很多值得吸收、借鉴的精华。像字韵的十三辙，演唱时，字头、字腹、字尾的咬字技巧已成为规范的学术成果。尤其是换气，在传统表演艺术中非常有讲究。比如这一句，如果在逗号处，也就是"日夜忙"的后面换气，那里的旋律正好是两个十六分音符，想要不破坏句法，又能换好气，大概只有具备很高超演唱水平的歌唱家能够做到，一般人演唱时都会因气息的急促而影响下一句的开头。在这里我们借鉴了戏曲中"垫气"的技巧，逗号的地方不换气，把"妻离子散"的"妻"字的附点改成八分休止符，很轻很轻地垫一口气。这样处理，演出中的效果非常好。这一手是跟杜近芳学的，我曾听她讲过戏曲中换气的多种形式，其中就有偷气、垫气……"垫气"时，要把气换在戏里，而不能换在戏外，换气时不能把戏的意境给换掉了，这就是说，不露雕琢之形的艺术更感人。

谱例 17：

如谱例 17 所示，第二句"妻离子散"的"子散"可以拉开一点，但不要过分，因为在中段中已经有了很激烈的反抗，这里要有一些区别，表现的是一种家园被毁、柔肠寸断的悲惨。曾经有人在处理这一句时，用重音、顿

音一直唱到结束,认为只能表达人民的反抗,不能表达人民的悲痛。我不太赞同这种处理。

(五)《河边对口曲》

谱例 18:

(甲)张老三,我问你,你的家乡在哪里?

(乙)我的家,在山西,过河还有三百里。

谱例 18 这段乐曲采用了我国民间说唱风格。九段词唱的同样的旋律,一问一答,有层次、有张弛地表现不同情绪的转换。

1. 三个段落,两处转折

这段的重点要把三种情绪和两个转折交代清楚。开头的情绪比较从容、轻快,在《黄河》全曲中,只有两个比较轻松的地方,即前面《黄水谣》的开头部分和这一段的开头;中间一段沉痛一些,从从容转向悲愤,描写民族灾难中每个人的悲惨遭遇;第三段再转向激昂,进行曲风格,体现华夏儿女保卫家乡的决心。

2. 拉得开,推得上

这首曲子一开始是叙述两个老乡交朋友时的一问一答:"张老三,我问你,你的家乡在哪里?""我的家,在山西,过河还有三百里。"轻松自然,口语式的演唱,体现平静和缓的情绪。

"为什么,到此地,河边流浪受孤凄",是第一个转折,开始转入悲痛的中段。这里速度要缓一些,乐队要跟得齐(见谱例19)。到了"家乡八年无消息"的"八年"咬字更夸张,速度更拉开些,乐队间奏回到原来标示的速度。有的演唱者稍微加了一些形体动作和手势,效果也很不错。

谱例19:

谱例20:

"都是有家不能回"一句后面的间奏,是第二个转折(见谱例20)。从这一句的最后一小节,就要改变速度,用进行曲的风格来演唱,使情绪转向

激昂，后面几句逐步往上推，自然引入合唱，推向高潮，造成由少到多、全民参加的抗战气氛。

（六）《黄河怨》

这首女声独唱歌曲，是《黄河》中极感人的一段，要处理得非常"精致"，处理得好，能够成为最动情、最具有戏剧效果的一段。这段情绪的发展，是从压抑着万分的悲痛到爆发内心深处的无可忍受的愤恨。整曲布局的关键是要保留"后劲"。

1. 欲哭无泪的悲痛

谱例21：

谱例21所示乐曲开始的几句，是"含着眼泪听的歌"（星海语）。要用非常非常轻的歌唱，把"悲"气氛做得十分到位，使人感到"欲哭无泪"的内心深处的痛楚。这种细腻的形象，是依靠高超的声乐基本功和娴熟的艺术表现手法来塑造的。对于女高音来说，这三句十分难唱，前面一段合唱的结尾"一同打回老家去"已经把听众情绪激发起来了，现在再由一个单独的女子用歌声把听众带入一种截然相反的意境，要把场子"镇"住，很不容易。开始的旋律又在女高音的中声区，要用轻声演唱，功夫不到家，会虚、会抖

或者紧，这样就把情绪全破坏了。另一个要求是气息要长，前面的三句"风啊你不要叫喊，云啊你不要躲闪，黄河啊你不要呜咽"，每句都要用一口气唱下来。这个难度也相当大。这种压抑的气氛，也是一种"先声夺人"，大家会屏住呼吸来倾听你的诉说。就像我国古典文献中所说的"广场寂寂若无一人，义者闻之血勇，愁者闻之肠绝"的情景。这首歌唱好了，既能感动听众，又能磨炼歌者的艺术修养，所以很多女高音也都喜欢演唱这一段。能够这样演唱的歌唱家，出在（20世纪）50年代的演员中，第一个是郭淑珍。到了八九十年代，已经有不少的演员，像淑珍的很多学生，都能够很好地演唱这一段。

2. 发自心底的愤怒

谱例22：

"狂风啊你不要叫喊""乌云啊你不要躲闪"这两句，如果能够做到，最好每句也一口气唱下来。这里要唱得饱满、激情，表现另外一种情绪，前悲后愤，形成鲜明的对比。（见谱例22）

这里"风""云""水（黄河）"三种自然景象，实际上表现的是人，比喻的是亲人、乡亲和同胞。这样就使歌中所唱的痛苦，不再仅仅是个人的遭遇和孤苦，而是表现了整个民族的灾难和悲痛，因此有着更加深广的内涵和感染力。而其中的"你不要"含有反意的潜台词，意思是"你要"，演唱时要把这层意思唱出来。其中几个"你"字要强调，要唱得清楚，但不等于要唱得响，还要处理得有些变化，逐步推到"你要替我把这笔血债清还"。

3. 意在乐外

谱例23：

今晚我要投在 你的怀中，

piu mosso

你要替我把这笔 血债清还，

谱例23所示这两段音乐中，有一些"潜在旋律"在乐句之外同时回响，像复调音乐的"对应"。"今晚我要投在你的怀中"一句，有《义勇军进行曲》的潜旋律同步鸣响；"你要替我把这笔血债清还"，暗含后面《保卫黄河》旋律的涌来，在演唱的时候，注意用进行曲的风格和速度来演唱，才能准确把握它的性格。这既表达了在苦痛中忍无可忍地奋起，也为自然过渡到下面一首曲子做好了铺垫。

谱例24：

你要替我把这笔血 债

乐曲最后的"这笔血债"一句中的休止符，不是一般意义的气口，使用的仍是"垫气"的手法，切记换气时呼吸要在戏中，不要把"戏"断掉。（见谱例24）

4. 合唱套曲中独唱的处理

合唱套曲中的独唱部分，往往由艺术造诣和演唱水平都比较高的艺术家来担任，难道他（她）还需要指挥的帮助来处理作品吗？一个歌唱演员演唱独唱歌曲时，可以有比较自由的处理，比如有的旋律可以"发挥"，有的节奏可以按照自己的理解进行夸张，等等。但合唱套曲中的独唱部分是全部曲目的有机组成部分。作为指挥，对此要有整体的布局，独唱部分的表演也要服从整体要求，不能任意发挥。有的演员在演唱《黄河颂》时，由于自己的音域比较宽，就把结尾的 E 翻上去唱成 G，还有人在一些旋律上加"花"。这些我不太赞成，不要脱离艺术要求去搞那些单纯技术和技巧的表现，这样搞有时会破坏艺术风格的连贯和统一。

处理合唱套曲中的独唱部分时，指挥要与演唱者共同来设计演唱方案。首先要讲明这一段在整部套曲中的位置，提出对独唱段落的明确的要求，注意多做启发，提些处理的具体建议。要启发演唱者去理解需要塑造的艺术形象，不要要求得很死，让演唱者根据自己的条件和长处，主动地表现和发挥。这样，就使演唱者既能理解整体的要求，又有自己创造和发挥的空间。

（七）《保卫黄河》

《保卫黄河》这段曲子虽然不长，但运用的艺术手法非常丰富，堪称运用对称和对比这两个重要的艺术表现手段的好典型。它的整体形象是雄壮有力的，表现的是人民战争波澜壮阔的宏伟场面。但如果只有雄壮有力一种形象，就会显得单调、絮烦，需要用跌宕起伏的手法更好地烘托。

1. 富有色彩的齐唱

谱例25：

开头的一段虽然是齐唱，但处理好了，可以有很丰富的色彩。开头几小节要注意重音的落点，要在"风""吼""马""叫""咆哮"六个字上面突出地加上重音（accent），这种力的感受会使听众很振奋。（见谱例25）

艺术表现贵在变化，重音的使用当然也是如此，如果在这一段中强的重音与轻的顿音交替，会使听众的耳朵感觉新颖。"河西山岗万丈高，河东河北高粱熟了"两句，音乐的节奏紧密，如果仍然字字使用重音，演员唱起来会感觉咬字很困难，听众也听不出效果。如果采用轻的顿音（subit piano e staccato）唱，就可以给听众雄壮中又有机动灵活的感觉。"万山丛中"一句，从速度到声音的感觉都要拉宽，表现人民大众的合力和祖国大地的广阔，要用强的连音（forte e legato）与前面紧密的节奏形成对比。

到"端起了土枪洋枪"再转回到开头的表现手法，在"洋枪""长矛"等字上加重音，这样前后对称，有了呼应，使"雄壮有力"的形象完整地体现出来，塑造了人民战争的场面。

2. 层次分明的轮唱

谱例26：

前一段是齐唱，力度又非常强，而中部是轮唱，几个声部分开了，会使音量有所减弱，主旋律越唱越没劲了。这个问题怎么处理呢？"后退一步自然宽"，干脆二部轮唱就采用轻起，唱到"万山丛中"渐渐加强，直到第三段用重声开始，这样就避免了衰减。（见谱例26）

谱例27:

接下来是谱例27所示的三部轮唱,特别要注意唱词与衬词之间风格的不同。如果不做任何处理,不提任何要求,几个声部交错着唱,又唱得很响,听起来就像吵架,就谈不上艺术处理了。三部轮唱时,旋律的主次

要有差异，就像一片叶子的正反两面，相辅相成。这一段的主调"风在吼……"是叶子的正面，它与第一段是同样的风格，即雄壮有力；而"龙格龙格……"是叶子的反面，是轻巧活泼的背景，要用灵活的轻声来衬托主调，这样才能使音乐显得有层次。

谱例28：

跟着是乐队所演奏的一段（见谱例28）。中央乐团的《黄河》演出版本注意了合唱与器乐的交织，这段是表现乐队威力的要篇。乐队演奏的重点是铜管乐器，其中小号和长号的吹奏要求有力而不笨拙。然后由乐队引入合唱。

谱例 29：

谱例 29 中乐队起的作用，是拧紧整个合唱曲结构的"螺丝钉"，演奏时要与合唱扣紧。

合唱进入的两拍，是这段最后的关键。前面的乐队已经把气势推了起来，跟着全体合唱的情绪要与前面衔接好，不能有缝隙，速度一定不能拖，指挥要有意识地往前"带"一下，即起拍时的速度稍往前"催"，有这么一点点，就把大家的情绪带动了起来，整个合唱队及听众的情绪都会被"煽动"起来，大家会情不自禁地要跟着你唱，跟着你去打鬼子！把乐曲推向振奋人心的高潮。

（八）《怒吼吧，黄河》

这是《黄河》的最后一段，也是艺术成就极高的一段。

前面的七个段落，星海已经写得非常满足了，特别是刚刚唱完的《保卫黄河》，已经将表演推向了高潮。最后这段，仅用一些惯用的手法是不能满足的。怎么运用音乐来总结这场必定会取得最终胜利的人民战争，这需要高瞻远瞩的气魄、扎实的功底和丰富的手段。

"艺高人胆大"，星海所写的这最后一段，以娴熟的艺术才能和崇高的艺术境界，大胆打破常规，采用前人没有用过的艺术手法，使这一史诗性的总结以及《黄河》全曲获得了巨大的成功。

1. 厚重有力——戏曲风格的开头（见谱例30）

谱例30：

星海在开头部分的"怒吼吧，黄河！……"一句，没有用和声，而是四个声部齐唱。这句要按照中国戏曲中吟诵风格的方法来演唱，使词句厚重深沉、铿锵有力。它的时代感、民族感很强，开篇就给人鲜明的印象。第三个"怒吼吧，黄河！"用厚实的和声织体拉开，造成扩张的感觉。

2. 波澜迭起——复调手法的引用（见谱例31）

谱例31：

接下来"掀起你的怒涛，发出你的狂叫……"，是一段很精彩的复调乐句（见谱例31）。复调是欧洲早期音乐的一种传统表现方式，在旋律的横向进行上，由几个声部轮流演唱主调，纵向又有着支声部相互的对应。处理这种作品时，指挥首先要做好"眼睛"上的功夫，即要在排练之前，认真分析好乐谱，把主调声部在乐谱上标明，这样，排练时才能心中有数。"眼睛"上不能识别，"耳朵"就不可能听得见。

这一句，主调先后出现的顺序是：先是男高音，然后男低音、女高音、女低音，最后又回到男高音。复调音乐的处理，要从结构上来立体地、整体地把握：横向上"有显有隐"地把握主调的递进，用力度上的区别，使各声部强弱分明。比如男高音声部唱主调时，别的声部都要让；纵向上要照顾到不同层次的平衡。

谱例32：

谱例32中"五千年的民族……"一句，也是复调音乐，比前面那句简单一些，前面一句弄清楚了，这句就不会有什么问题了。这一句是女低音先进来，然后男低音、男高音、女高音依次进入。这里有一点需要注意，当男低音进来后，女低音再进来时，与他们是完全相同的音型，这时要特别注意女低音，她们所在的音区是她们的高音区，如果不加控制，就会压住男低音

和女高音，而破坏了主旋律的交替。这一小段要把握的还是有显有隐，显露声部的声音要分明，隐藏声部作为情绪的补充和帮衬。

3. *层层递进——渐强的处理*

谱例 33：

渐强是乐曲表演时经常使用的手段，在乐曲中，短的渐强比较容易处理，难的是长的渐强，要紧的是要保持渐强到最后一拍，要坚持住，才能把渐强处理得圆满。谱例 33 所示这段乐曲中的"你听，你听……"就是一段持续的、饱满的渐强。这句渐强的处理仍采用"接力"的方式，前两小节由女声声部渐强，后两小节由男声声部渐强，然后再一齐渐强，这样就能够保持后劲，给听众留下满足的印象。在星海的《在太行山上》那首歌曲中的渐强，我也采用了类似的处理方式。

4. 异峰突起——推向全曲的高潮

谱例34：

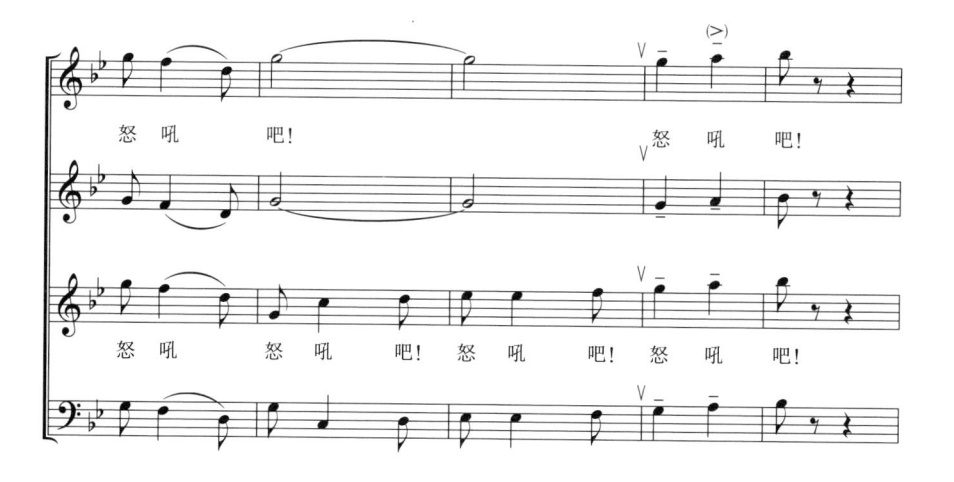

一首乐曲、歌曲，一个套曲都有高潮，而且只能有一个高潮。如果处处都是高潮，就不是"高峰"而成"高原"了。

整个《黄河大合唱》的高潮，就在最后的"怒吼吧！"这两小节（见谱例34）。这是全曲"画龙点睛"的"眼睛"，由它来"点亮"全曲，一定要把它处理成全曲最振奋的一点。

唱前面的"啊"时，要作为高潮的"引子"来处理，那个不要唱成装饰音，而改为前一小节的最后半拍，有时我们干脆"明目张胆"地在曲谱上把它写成八分音符。这个"啊"很高，唱到降B，既不能太短，也不能太长；既不能"秃"，也不能"拖"。唱短了形象不对，唱长了，会削减后面高潮的力度。

演唱最后两小节"怒吼吧"，常会把"吧"唱得最响，因为它是开口音，又最高。但这一句的词意主要在"怒吼"两个字上，所以要用同样的力，把三个字唱匀，即唱得同样响。这一句是整个曲子的关键，三个字都不能损失，否则形象就站不住了。对指挥手势的设计，也要把"高潮"放在这里，这个"吧"应该是全曲中手势最高的，前几段的高潮时，如果手势在耳朵这么高，那么这里的手势可以高过头顶。这个手势在全曲中只用这一次，前面都不"露"。到了全曲高潮时，以鲜明独特的形象"亮"出来，才会更有震撼力。

最后结束只有一句词："向着全世界劳动的人民，发出战斗的警号！"这是号角型的呼唤，一共反复四次，标明是进行曲速度，并要求逐句加快。这14小节的加快有两个要点，即"心中有数"和"催关键小节"。第一，"temp di marcia"开始时不要快，控制在♩=96上，最后才加快到♩=152；第二，每四小节一句，保持一个速度，到句尾"号"字时才能往前带，催向下句的快速。如此这般催三次到第四句前的"号"，正好♩=152。这样指挥不

用费很大的力，就可以把整个合唱队和乐队带起来，一直把热烈的气氛保持到全曲结尾。（见谱例35）

谱例35：

三、尾声

最后，我来讲一下作为《黄河》的指挥需要的修养，也是讲一下在《黄河》排练和演出时应该注意的一些事情。

《黄河大合唱》是中国近现代史上的大型声乐套曲，似乎暂时还没有哪部作品可以与它相提并论，它诞生60年来，在全世界引起了巨大的反响，这体现了作品本身强大的生命力。作为指挥，首先应该好好地学习星海的精神，学习《黄河》的内涵，吸取《黄河》的养分，这样才能指挥好《黄河》。

（一）要树立为人民大众的世界观

一个专业指挥，当然要有专业能力和艺术修养，但要指挥好《黄河》，首先要学习星海同志的精神，树立为人民大众做奉献的世界观。这个说法，现在很不"时髦"。现在是市场经济，提倡个人奋斗，要讲"两个效益"也是一软一硬。星海创作的《黄河大合唱》，给中华民族留下了宝贵的精神财富，但他在创作这部作品时却没有任何"经济效益"。他用了短短六天的时间，一气呵成，完成了这部作品，物质上的"报酬"，只有词作者张光年送给他熬夜时吃的两斤白糖，到他去世前，也没享有过什么"著作权"。《黄河》的精神鼓舞着一代又一代的中华儿女，这巨大的能量根本无法用现在市场的价格观念来衡量。这说明一个真正的艺术家，他的知名度和劳动的价值并不等于他向社会索取的"含金量"，而在于他奉献给人民，并留存在人民心中的精神财富的分量。

《黄河大合唱》之所以能够对中华民族的文化和历史起这么大作用，是因为它是词作者和曲作者心声的真诚流露。星海早年到法国刻苦学习音乐，回到祖国后，已经是一个比较有名望的音乐家了。他没有以此为资本，去谋求自己的利益，他从不写当时既容易赚钱又比较风行的消遣性音乐，他没有把音乐当成表达一己感情的工具。他甘冒失业的威胁，用他的笔谱写挽救民族危亡的呼号，他将自身的利益与人民大众的境遇紧密地联系在一起，把自己的出路完全融入争取民族生存的斗争中。他不断地接近人民、了解人民，对广大民众的疾苦有着深切的感受，情感与人民息息相通，因此他心中的音乐才能代表人民大众乃至整个民族的心声，表达人民心中深切的愿望，只有这样的音乐才能打动人、鼓舞人，才能激起整个民族的共鸣。

作为《黄河》的指挥，首先也要具备这种精神，要立志为人民、为人类做出贡献，心中有了这个大目标，才能比较深刻地体会《黄河》的内涵，并有气魄地表现其中包含的伟大精神。其次要像星海那样去接近人民、体验生活。有了丰富的生活阅历，并经受过各种磨难，才能对作品有比较深刻的体会和准确的表现。星海虽然只活了40岁，但他的阅历广泛，一生中荣辱兼备。他作为一个有名的音乐家，曾经和毛主席、周总理这样的伟人相识相处，也曾因穷困给人打工，住过灶间，甚至讨过饭。他能够把荣辱当成过眼云烟，是因为内心有着坚定的追求：用自己谱写的音乐为人民、为中华民族做出贡献。他因为经历的事情多，又非常了解人民，所以在音乐的创作上体现出丰厚的底蕴，他写了那么多的民族音调，没有一个是重复的，这说明民族音调已经融入了他的血液，变成了自己的东西。

像我们经历过战争的这一代人，见过的事情比较多，也曾有过"大起大落"的处境和感受。人民给了我们很高的荣誉——"艺术家""政协委员"，以及诱人和令人"羡慕"的行政称谓。也吃过很多的苦：抗日战争时期环境的残酷和生活的艰苦；"文化大革命"中的屈辱和打击，精神上的桎梏和苦闷。能够做到"荣辱不惊"，在任何时候都不丧失信心，这些就是从星海那儿学来的。

（二）要具备扎实的专业基本功

指挥好《黄河》，必须要有扎实的专业知识和基本技能。

一方面，要进行系统的专业知识的学习。如果想拿过《黄河》的总谱，就能把曲式结构、调式关系、和声等看得清清楚楚，就要靠学校里学的那些"功夫"了。我读大学时是学理论作曲的，我非常感谢当时学校的那些老师——江定仙、陈田鹤、吴伯超、林声翕……他们严格耐心的教诲和训练，为我打下了扎实的专业基础。有了这些锤炼，我才能够在日后的工作中比较清楚地从乐谱上"读"出作者的创作意图。我一直认为，音乐学院指挥系的学生不能只练"打拍子"，而应该按作曲系的专业课程去安排他们的学习：不做会一千道和声题、复调题，不许毕业！老师严格要求，学生的功底才能扎实，这样才能造就他们今后工作中的"本事"。这样他自己少"受罪"，更主要的是让演唱、演奏队员少"受罪"。

另一方面，需要基本技能的培养，比如对速度、音准的把握等。作为指挥，勤奋应该排在第一位。有人认为音乐的才能是天生的，我还是赞同"天才出于勤奋"。比如，指挥对速度应有准确的掌握：要求每分钟打 60 拍，就是 60 拍，不论在什么情况下，都能准确地打出这个速度。这靠的就是平时的苦练。我在苏联读研究生时，速度的训练是我们的主要功课。那时我和李德伦、黄晓同等人住在一起，经常做这种练习：几个人在屋子里，听隔壁房间里用节拍机打节奏，大家判断速度，用这样的方法来训练速度感。还可以巧学：一些经典乐曲的速度都是很固定的，比如柴科夫斯基《第五交响曲》中的慢板乐章，速度每分钟 68 拍（♩= 68）。可以用来作为训练速度的标准，以后排练中遇到每分钟 68 拍的作品时，就按照这个速度来打。

音高，特别是内心音高（即绝对音高），是指挥的另一项基本功。指挥要对音准和音程有很敏锐的感觉，尤其是在台上演出时，要能够及时地辨别和调整各个声部的音高。辨认音高的训练是个苦"差事"，绝不是天生的，而要靠后天的培养；这种培养不一定非在儿童时期，成年以后也能培养。训练的方法有多种，可以先在内心唱出音高，然后到钢琴上去验证，可以练单音，也可以练和弦。坚持每天训练，就可以培养出音高的准确感觉。

作为指挥，还要有比较强的认谱能力。我是在战争时期学习的音乐，那时认谱都是用首调唱名；在国内音乐院，特别是到苏联学习时，要求用固定调唱名；回国后，正赶上"大跃进"，唱革命歌曲必须用首调，并且要用简谱，否则就是"资产阶级"。这样多种读谱法的应用，倒是锻炼了我们这一代人，多学了一些本领，认读各种乐谱的能力比较强。作为指挥，一定要多学，学习时，要有毅力、讲方法，这样就进步很快。

关于指挥的手势，我觉得指挥的主要本领不在手上，而在扎扎实实的"案头工作"（分析乐谱、设计方案）和日常认真的排练上，我用"100∶10∶1"这样一个比例数来形容案头、排练、演出三者所用的时间的关系。指挥的主要功夫都在演出前，到了演出时最重要的是打好预备拍，要在预备拍上将曲子的力度、速度和情绪都交代清楚。而上台的手势则主要起提示和暗示作用，因为在台上指挥不能用嘴说，只能用手"讲"。这些都要通过平常刻苦的训练来培养。

（三）要善于学习

指挥是一门实践性很强的专业，对这个专业的学习，其中很重要的一项内容是"偷艺"。一个指挥艺术家，要善于学习别人的长处，要经常去看别人的排练，在观摩中做一个有心人，通过琢磨别人对作品的处理来加深理解，看到好的处理就"拿来"，这样长期积累，才能使自己的理解和处理有所提高并渐趋完善。我对《黄河大合唱》的处理就是这样，我的处理里面有很多别人的东西，很多新鲜的东西都是"借"来的。

我解放前在重庆排演《黄河》时，对作品的处理不是太多。解放后到了北京，我常去观摩解放区来的一些音乐家对《黄河》的排练，受益匪浅。比如张非的严谨、时乐濛的敏捷、任虹的细腻……我向他们学到了很多宝贵的东西，学了以后再认真琢磨，融入自己的排练。这样才会有长进，通过积累形成自己比较固定的风格和特点。

一个成功的指挥，主要靠这三条，我毕生追求的也就是这么几点。这里所讲的，只是指挥《黄河》中有较多心得的一些方面。其实，对于《黄河》的阐释，可以说是常学常新，常用常新。每一个指挥的指挥语言都有自己的个性，而《黄河》的音乐，不同的指挥家也会有许多具有共性的地方。有些处理看似简单，却有效果，这都是从长期经验中提炼出来的结果。

对于《黄河》，我想说，是《黄河》给了我不竭的乐思和灵感，给了我丰富的体验和感受。《黄河》是取之不尽的源泉，是永恒的跨世纪的鸣响。"黄河入海流"，流入每个中华儿女的心中。

（1999 年 9 月 7 日一稿；1999 年 9 月 27 日二稿；2000 年 4 月 16 日三稿）

（原载《音乐研究》2000 年第 2 期、第 3 期）

为新中国的音乐事业铺路架桥
——冯乃超先生往事点滴

严良堃

我是抗日战争初期在武汉认识冯乃超先生的，1938年在武昌昙华林第一次见到他。以后在重庆、香港、北京又有一些接触。冯先生既是带领我参加革命工作的领路人，也是启发我用音乐更好为人民服务的导师。

一

1938年，我在武汉参加抗敌演剧九队，宣传抗日，随队工作近百日。后来，演剧队要开赴前线，领导看我们几个人年龄太小（那时我还不到15岁），就让我们到孩子剧团去了。

当时正逢国共第二次合作，国民政府军事委员会政治部由周恩来同志担任副部长，政治部属下的第三厅实际上由共产党人主持，郭沫若同志任三厅厅长，冯乃超同志在三厅内担任一个科长，主管对日宣传并负责协助鹿地亘领导的日本人民反战同盟工作。同时，他还担任三厅内秘密成立的中共特支的书记（张光年为宣传委员，刘季平为组织委员），兼管各抗敌演剧队和孩子剧团的党小组工作和政治思想工作。这样,冯乃超便成为我们的领导。我们那时曾听说,他早年在日本留学,大革命失败后回国投身革命。大家对他十分尊敬,一直叫他冯先生。

武汉沦陷前,孩子剧团随三厅撤离武汉,以后辗转长沙、桂林,于1939年元旦到达重庆。孩子剧团经常要进行抗日宣传演出,工作十分紧张。一般是春天、夏天到各地巡回演出、宣传,冬天集训学习——学政治、学专业、学文化,还定期听时事报告。作为主管剧团政治思想工作的冯先生,非常重视对这些娃娃的教育,他曾说,你们除了演出,一定要重视学习。他要求我们每年要拿出一半时间进行学习。孩子剧团早在1938年武汉时期就开始上课了,但那时我们还没有转到孩子剧团。到了重庆以后,我才跟孩子剧团一同学习。

三厅迁到四川后,驻地在重庆郊区金刚坡下的三塘院子,冯先生就住在那里;郭沫若先生住在附近的全家院子,孩子剧团住在土主场。我们和他们的驻地相距都不算远。三厅每个礼拜放映电影,我们都过去看,上课也在三厅那边。冯先生经常到我们这里来,和我们交往、接触的机会比较多。冯先生知识渊博、见多识广,而且和蔼可亲,大家都很喜欢他。

那时重庆聚集了文学艺术界许多一流专家,除了厅长郭沫若,还有很多文艺界的有名人物。他们都集中在三厅的领导之下。孩子剧团在三厅上课,冯先生给我们安排了各种各样的学习科目,请了有名的专家来教我们。为了学好文化课,孩子剧团按团员年龄的大小分成小同志班(8—10岁)和中同志班(11—15岁),分别进行授课。小班学算术、语文;中班学英文、物理等;文化课、专业课都有专门老师教,也就是由那些知名专家来教授。记得教语文的是常任侠,刘明凡教文学;陈乃昌给我们讲国际时事,分析国际形势和战争局势、介绍苏联情况；何成湘讲历史唯物主义理论，曾给我们讲人类是怎样从猿猴演化而来的，课本是《社会科学二十讲》和艾思奇的《大众哲学》，告诉我们人是社会动物，不能脱离社会，鲁滨逊的生活方式是不存在的。英文课由当时很著名的一位翻译家教，可我们的基础太差，班里学员的水平参差不齐，他教了几堂课实在没法教了，就对我们说：你们先学其他文化课，把基础打好，英文晚一些再学吧。还有一位女文学家曾克给我们讲自然科学，教我们很多天文知识：怎么认识大熊星座、仙后星座，怎么通过大熊星座找到北极星；还告诉我们尘埃的功能——可以反射光线，使我们得以生活在阳光之中。专业课上我们学习音乐、戏剧、美术、舞蹈等课程，授课的都是著名艺术家：冼星海和张曙教我们音乐，黄苗子和李可染教美术，戴爱莲和吴晓邦教舞蹈，洪深和辛汉文教戏剧。辛汉文在20世纪二三十年代搞化装非常有名，他讲化装课时，给我们展示怎么把一个人的半边脸化装成好人，另半边脸化装成坏人。我们的指导员蔡家桂，直接负责我们的政治思想。他们的课使我们这些孩子大长智慧。孩子剧团虽然归郭沫若管，但剧团的学习都是由冯乃超具体组织、安排的。这些学习给孩子剧团成员以后各方面的发展奠定了良好的基础。我们这些娃娃，后来随着革命形势的进展，经过刻苦学习和工作锻炼，大都成为有专业能力的人才，这和那时打下的底子有很大的关系。

　　孩子剧团的学习很有特点，除了课堂上的学习，还组织各种各样的讨论会、辩论会、讲演会，讨论我们学习中遇到的问题，内容涉及我们学习过的各个学科。比如我们曾根据所学的国际时事讨论世界大战问题，一拨人持这种观点，另一拨人又是那种观点，有点像现在辩论会上的甲乙双方。通过辩论这种方式，我们学到的知识得到了巩固，并有了运用的机会。这种讨论会，冯先生一般都在场，和我们一起讨论，并在会后做讲评。他的讲评不是上级对下级或先生对学生那种训导和演说，而是循循善诱、耐心引导。

有一次，冯先生说：一个成熟的政党，不但要能够不失时机地指挥进攻，还要能够在形势不利的时候机智地指挥撤退，以保存实力，等待下一个革命高潮的到来。"革命不能光靠硬打硬拼"，这种观念不仅仅限于军事斗争，也是用来正确处理所做工作的方法和策略。当时，我们这些满怀热情跟着共产党干革命的未成年的孩子听了他这番话，感到非常新鲜；尤其是在后来政治形势恶化，孩子剧团有组织地撤退时，这些关于策略的谈话起到了很好的作用。我们还一起讨论过"时势造英雄还是英雄造时势"的问题。冯先生告诉我们，再伟大的英雄，也要依靠人民大众，要依靠集体的力量，才能发挥改造世界的重大作用。他的谈话所反映出来的实事求是精神、革命英雄主义思想，深深地种在我们年轻的心灵中，以至于影响了我一生的为人处世和生活态度。

冯先生还跟我们讨论艺术的普及与提高问题。我们经常学习党的文件，当时党提倡文学艺术要面向人民大众。当时有一种流行的看法，认为"普罗艺术"（大众文艺）重在普及，艺术上、技术上要求不高，够用就行。可冯先生给我们讲，越是普及的东西越是要有高超的技艺，我们要用艺术去唤起人民大众，艺术上、技术上的要求就应该更高一些。这些话很不简单啊！怎么处理好向大众普及与提高业务水平这对关系问题，一直困扰了我们这些艺术干部很多年，直到解放后，我们这些搞业务的总是因为强调艺术水准而挨批。冯先生那时就站得比较高，强调要用高超的艺术为大众服务。

二

1941年皖南事变后，国民党对共产党人又一次举起了屠刀。第二次国共合作的情况发生了变化，整个形势都变得残酷了。面对当时的"反共"高潮，我们孩子剧团也有一些激进的举动，比如我们上演了讽刺蒋介石的话剧《秃秃大王》(后被迫改名为《猴儿大王》)，这对鼓舞进步人士的士气和宣泄人民对国民党反动派的不满虽然起到了积极的作用，但也给孩子剧团造成了被动。不久，国民党派了三青团干部来强行接收孩子剧团。为了保存革命力量和储备文化干部，在中共党组织的安排下解散了剧团，团员有的去延安，有的去上学。一些业务骨干被安排到各个专业院校去学习，如音乐学院、戏剧专科学校、工业技术院校等。这些安排由剧团领导出面，冯先生是默默无声在后面指导和做实际安排的人。

我被安排去投考当时设在重庆青木关的国立音乐院。分别前，冯先生语重心长地对我说："严良堃，你去音乐学院好好地学习吧！你还记得你们英文课里的那篇课文吗？希腊神话中的英雄普罗米修斯，为了人类的光明到天神宙斯那里去盗取火种。现在处在战争时期，我们的革命根据地都设在偏僻的山区，可将来总要进入大城市，那时要全面建设新中国，需要科技、文化和艺术各种专门的人才，现在我们要通过国民党掌握的高等学校来培养我们将来需要的人才。你们现在去音乐院学习，就是像普罗米修斯那样为了人类的光明到国民党的高等院校那里去取'火'。"对我们这些到专科学校学习的人，时任南方局书记周恩来同志还定下"勤业、勤学、勤交友"的方针。按照这个指示，冯先生对我们说："到了学校以后，不要太锋芒毕露，首先要勤奋学习，先把学习搞好，和同学的关系搞好，等到时机成熟就可以发挥更大的作用。"那时是 1941 年，也就是说，早在新中国成立的八年前，周恩来、冯乃超等同志，就想到要为新中国的建设培养人才了。

我在国立音乐院毕业后，1947 年到了香港，冯乃超先生当时也在那里。1947 年春，他接替夏衍任中共华南分局文委书记，主管党在香港的文化工作。那时"新中国舰船的桅杆已经露出地平线了"，国民党的统治快要不行了，在国统区疯狂地迫害进步知识分子，因此有一大批文化人士聚集到了香港，有郭沫若、夏衍、欧阳予倩、吴祖光、白杨、马思聪、李凌、赵沨、方成、丁聪、王琦、廖冰兄等。我也因为在音乐院参加学生运动上了国民党的黑名单，辗转去了香港。冯先生等人在那里团结了很多知名的作家、戏剧家、音乐家、美术家、表演艺术家，帮助他们了解党。港英当局虽然不像国民党统治当局那样控制严苛，但共产党的活动还是受到了限制。然而，共产党在香港创办了若干报纸，如《华商报》《文汇报》和《正报》等，并办了好多文艺团体，有歌咏队、剧社、学校。其中有由《新音乐》杂志的创办者和主编李凌和赵沨开办和领导的专门音乐学校——中华音乐院，我就在那儿工作。

我到香港后经常去看望冯先生。大约在 1948 年，冯先生同我进行了一次长谈。其间，他告诉我，你们在香港的这批人是为新中国建设储备的专门人才。后来我才知道，是中共南方局让他负责把这些人才从内地转移到香港的。在新中国成立前夕，冯先生又负责安排把在香港储备的一大批人才陆续送回了内地。我是在 1949 年年初由他安排到华北的。临行前，他对我说："现在我们快要进城了。过去为了夺取政权而打仗，需要的是军事人才，而取得政权后就需要建设方面的专家了。新中国建设不仅需要懂政治、懂经济的干部，还需要大量科技、文化方面的人才。你就是我们新中国音乐方面的专门人才，不要辜负党的期望。"冯乃超先生这番话给我很大的振奋。不久我便踏上了解放区的土地，决心用自己"偷"来的音乐技术之火，全心全意地为新中国的文化建设服务。

重视和培养人才这一条线，在冯先生这里始终没有断。我们党这种文化建设政策非常"高明"：在革命的低潮，形势严峻时，安排一些骨干到高等学校去学习，同时避免敌人的迫害；临近解放时，让他们到环境相对宽松的香港"储备"起来；新中国快要成立时，就将人才及时输送回已经解放的地区，以备各条战线人才的需用，这是具有战略眼光和深远意义的举措。

作为过去负责过孩子剧团组织工作的冯先生，一直从思想和政治上关心我们这些年轻人。在孩子剧团的时候，党小组就曾开会讨论过我的入党问题，后来不知什么原因没有发展。在香港时，有一次他跟我说："你知道那时你为什么没有入党吗？一是支部讨论的意见，说你骄傲自满，党内叫作'个人英雄主义'，共产党人应该是集体英雄主义；二是国共合作时期，我们党和国民党有协议，不在对方军事机关内发展自己的党员，所以就没有发展。"那是我第一次听到"个人英雄主义"这个词，印象非常深，后来我一直记得我们需要的是革命英雄主义和集体英雄主义，而不能搞个人英雄主义。这次在香港时，冯乃超和沙鸥又介绍我入党，但由于1948年形势发展非常快，党内很多人陆续调往全国各地，就又耽搁下来了。但有了前面这两次的基础，我到了天津，很快就解决了组织问题。

三

冯先生不仅是党在文化战线上出色的领导者，也是一位有品位、有修养的音乐爱好者。

在孩子剧团时，冯先生除了同我们谈论工作学习，还经常和我们聊天闲谈。他曾讲起自己20世纪初在日本上大学时，常与几个同学聚在一起，有时谈论学术问题或中外大事，有时边喝茶边听音乐。他们欣赏的乐曲是德彪西的《牧神午后前奏曲》《大海》等。当时是我国接受西方音乐的早期，包括日本的大多数知识分子，听的多是西方古典音乐，一般是巴赫、莫扎特、贝多芬、舒伯特、舒曼、柴科夫斯基或俄国五人团的作品，即便是搞音乐的人经常听的也就是巴洛克时期、古典主义时期和浪漫主义时期的音乐。而冯先生他们竟然喜欢听像德彪西这样的法国印象派作曲家的音乐。我们当时听说后觉得非常新奇也非常羡慕。我们原来以为，冯先生长期从事党的领导工作，生活和志趣都会比较严肃平淡。从冯先生的音乐欣赏品位，可以看出他的艺术鉴赏的范围是比较广泛的，欣赏水平和意识是比较超前的。其实，西方印象派音乐与东方文化艺术之间是有某些相通之处的，中国的艺术，尤其是绘画和书法，都是写意而不是纯粹的写实，所以印象派的音乐对于中国人来说，反而不是什么新鲜事，应当比较好接受。那时在一些意识比较超前的知识分子当中，对西方现代艺术都有所了解，冯先生就是这类知识分子中的一员。后来我了解到，冯先生少年时代曾学过乐器，后来在东京帝国大学还演奏过小提琴曲《沉思》《纪念曲》等。

冯先生生活在一个充满艺术氛围的家庭之中。他的夫人李声韵就是一位非常有造诣的话剧演员。冯夫人早年在上海参加党领导的艺术剧社，与后来著名的电影演员陈波儿、王莹同在中华艺术大学学习戏剧表演。后来因身体不好，就不经常登台了。我们在重庆时曾经看过冯夫人的演出，那次演出是在三厅驻地，观众就是我们孩子剧团成员和三厅工作人员。演的是翻译过来的外国话剧《寄生草》，内容是一位孱弱的女子，从原先身心病弱卧床不起，到后来在家庭教师的关心和鼓励下重新站立了起来。这出戏全剧只有四个演员，洪深自导自演男主角，李声韵担任女主角，两位男女配角由石凌鹤和高履平夫妇担任。我们平时见到的冯夫人是一位体弱多病、安静平和的长辈，在台上见到的主角形象非常有神采。这次演出使得我们这些常演宣传戏的小演员们增长了见识，知道了演戏不仅仅是背会台词，也不仅仅靠激情，还要有深厚的表演功底。这出戏在重庆城里又演出过好几场，但终因冯夫人身体不支，没有继续演下去。后来我们孩子剧团也排练了这个剧目，在适当的场合演出过多场。它虽然与我们宣传抗战的主旨不太贴切，但作为基本功练习，也使我们受益不浅。

四

冯先生具有较高的艺术素养，同时具有宽广的艺术胸怀。

1948年在香港，我们上演了解放区创作的歌剧《白毛女》，这是件非常有意义、很了不起的事情。参加演出的有中华音乐学院、建国剧艺社、中原剧艺社、新音乐社。这些剧社里很多人都是过去抗敌演剧队的成员。导演团是李门、王逸、李凌，主要演员有李露玲（喜儿）、方荧（杨白劳）等。我们的乐队是非常有意思的"混合乐队"：有西洋乐器钢琴、小提琴、大提琴，也有中国乐器二胡、笛子。我弹钢琴、李凌拉小提琴，漫画家丁聪会吹笛子，夏衍就请他来吹笛子。就这么凑成一个乐队。我们每个周末演出，在九龙普庆戏院连续演了两个月。这次演出在香港很轰动，每次第一幕演完亮灯后，都能看见观众还在擦眼泪。当时郭沫若和冯乃超写了文章评论这次演出。记得冯先生的文章写得很实事求是。他说，《白毛女》从延安的山沟里一直演到大城市香港，受到广大观众的喜爱，说明这个作品的成功。虽然它在创作和表演方面还有一些不足，只可以算作一个实验品，却代表了中国新歌剧的方向。

演出快两个月时，从解放区来了一位搞文艺的同志。他看了我们的演出后，感觉不太满意，说："《白毛女》是反映农民的歌剧，怎么可以用大提琴、钢琴这些洋乐器？当年在解放区演出就不用洋乐器，用的是洋铁桶做的低音二胡。还有，那位扮演杨白劳的怎么用洋嗓子唱？"其实，扮演杨白劳的演员是原来演剧队的，并不是什么"洋嗓子"，也就稍微用了一点共鸣。可那位同志批评我们是穿着农民的衣服唱西洋歌剧咏叹调！

我们听了很不服气，开座谈会的时候就辩论起来。我们认为演中国作品当然可以用西洋乐器。我在音乐院学过提琴、钢琴，二胡也拉得不错，就当场用二胡拉了一段舒曼的《梦幻曲》和巴赫的《G 弦上的咏叹调》，问他这是中国的还是西洋的？不能因为用了二胡，舒曼和巴赫就变成了中国的"王曼""张赫"，他们仍是奥地利和德国的音乐家嘛！然后我又用小提琴拉陕北秧歌《夫妻识字》，这乐器是西方的，但拉出来的曲子是地道的陕北眉户调。我们还在报纸上写文章讨论。但即使我们说得有道理，最后还是输了。当时党的一位文艺工作领导人在《群众》杂志上发表了一篇上万字的文章，给这次争论下了结论：演出中国革命的、农民的音乐用不用西洋乐器，要从表现革命内容出发，不能搞民族虚无主义。

发生这件事有一定的时代背景。当时中国受苏联影响很大，1948年，苏联音乐界在日丹诺夫的领导下批判肖斯塔科维奇、普罗科菲耶夫、舍巴林等有名的大音乐家，他们的作品被说成是形式主义、民族虚无主义，反民族、反大众的；说他们不搞苏联自己的东西，不要革命群众听懂。批到后来，这些大作曲家都投降了。

这一批判也影响到了中国音乐界。当时的倾向是政治标准第一，我们在香港也学习了这些文件，连马思聪这样的大音乐家也要参加学习，但他搞不大懂，私下跟我们说："作曲家如果顾忌这么多还能作曲吗？"我们这些在革命队伍中培养出来的人都比较单纯，虽然在讨论问题时敢于说出自己的主见，但更遵守"个人服从组织、下级服从上级"的纪律。被几顶帽子一扣，我们就都不敢再继续"辩论"了。既然党组织下了结论，我们就服从吧。结果，我们几个在音乐学院里学过西方音乐的学生都有点灰心丧气，学的这些东西没有用啊！于是就把提琴卖了，买了二胡准备回解放区。冯先生当时没有讲话，但有一次我去看他时，他对我说："我那里有一张苏联的唱片，你拿去听罢。"我回去一听，呵，这些唱片中不仅有俄罗斯民族音乐，也有西方音乐，其中有用俄罗斯民乐队演奏的俄国音乐家格林卡的《鲁斯兰与柳德米拉》序曲。这首乐曲原是交响乐队演奏的，改编为民乐队演奏。冯先生虽然没有正面发表意见，其中的含义是同意乐器是工具的论点，鼓励我们还要有信心，学习了西方音乐并非就没有用处。

1949年4月，我们到达已经解放的天津。当天晚上，安排由程云、沙莱同志领导的群众文工团为我们演出。大幕一拉开，我们全都愣住了：满台全是西洋乐器，三十多人，一个完整的单管编制的西洋乐队！原来解放区也并不是像他们说的那样，绝对不用西洋乐器。

后来到了北京，我常去西单看望当时在中央组织部工作的冯先生。他曾向我征求对若干音乐界领导人的意见。那时有些从延安来的干部不大喜欢原来在国统区工作的同志，就到冯先生那里去"告状"。有一次他向我了解李凌同志的情况，说："李凌这个人怎么样啊？他在香港是很能干的嘛，人也不错。怎么搞的，这么多的人来说他的坏话?!"在一次见面中，我们谈及音乐表现形式问题。我先谈了自己的看法："乐器只是工具，并不决定内容。比如用小提琴拉陕北的'眉户调'，这音乐就是中国的；如果拉的是《圣母颂》，即便用二胡拉，也是西洋的。"他听后说："乐器在音乐表现上只是个工具，就好比打仗用的武器。过去在延安演出，限于条件只能用当时能凑得出的中西乐器，甚至简易的自制乐器。如果当时有条件，当然也会用更好的、表现力更丰富的乐器。我们要为人民大众演奏喜闻乐见的音乐，但这不等于粗俗，为人民大众表演的艺术作品更应该有精湛的技巧和完美的表现形式，这样才更容易被接受，并得到人民的理解和喜爱。"在当时那种盛行鄙薄技术工作以为无出路的情况下，他的这番话引导我走出迷茫，使我更加明确怎样去做一个艺术家，怎样用自己学到的技术更好地为人民服务。

　　新中国成立后不久，叶剑英等同志向中央点名要冯先生去广东工作，于是中央调他去广东中山大学任副校长。冯先生丝毫没有计较职位级别，痛快地到广州去了；这与那些向党伸手要官的干部形成了鲜明的对比。"文化大革命"中，冯先生也毫无例外地遭受了冲击和不公正的待遇。到"文化大革命"后期，他从广州回到北京，我们才又有了一些接触。20世纪80年代初，冯先生因病住院了，我到医院去看望他。他提出希望听一些古典音乐，说特别喜欢小提琴曲和一些钢琴曲。于是我给他复制了一些我们中央乐团经常演奏的乐曲，如德沃夏克的《幽默曲》、马斯耐的《沉思曲》等。冯先生听了以后说，很好，都是他早年熟悉的曲目。

我是在冯先生等老一辈革命家的培养下，成长为一名革命文艺工作者的。当时能够用我从事的艺术事业和艺术专长来安慰病中的先生，能够将我的成绩和喜爱的音乐与他共享，我心里深深地感到温暖和欣慰。

> 2001年12月17日刘建一、李丹阳访问录音，
> 张援根据此录音及2004年2月6日、2007年11月30日的口述录入；
> 张援、李丹阳综合整理；
> 2008年12月27日、2009年8月28日经严良堃审定并拟定篇名

我与《黄河》60年
——答黄叶绿同志问

严良堃

黄叶绿（以下简称"黄"）：谁是你的指挥启蒙老师？你什么时候认识《黄河大合唱》曲作者的？

严良堃（以下简称"严"）：我是在1940年还不到17岁时开始指挥《黄河》的，到现在将近60年了。第一次是在重庆，指挥孩子剧团演唱了《黄河》。那时我不是专职的指挥，有时还要担任独唱。记得有一次演出，由我指挥《黄河》，临上场时，团长通知我说，今天担任《黄河颂》独唱的张国权"打摆子"（发疟疾），不能上场，要我来担任独唱。结果这次的《黄河颂》就是由我来唱的。我指挥完前面的《黄河船夫曲》，气还没有喘匀，转过头来就唱，由陈在川用二胡伴奏。那次演出完刚下场，陈在川就给了我一拳，说："你今天是怎么唱的，越唱越高，我二胡的千斤（码子）都向下挪了一寸了！"

讲到与《黄河》的曲作者星海同志的认识，那又是更早的事情了：第一次是1938年年初在武汉时。那时日本侵略者已经占领了南京，敌占区很多人都到了武汉，星海也到了武汉。在一次抗日歌曲演唱会上，开始时由星海指挥全场唱《义勇军进行曲》，这给我留下了终生难忘的印象。他的指挥和我们的指挥大不一样。我们这些参加歌咏活动的中学生，指挥时无非是里一下、外一下的"蝴蝶飞"，纯粹是在给大家"打拍子"，而他的指挥非常新鲜，特别是唱到歌中的"起来！起来！起来！……"第一个"起来"用左手向前一挥，第二个"起来"右手一挥，到了第三个"起来"两个手一齐向上一挥，并跟着向前跨了一大步，非常富有煽动力，把在场观众的情绪全都激发起来了。我当时全身的汗毛孔都张开了，真正感觉到浑身热血沸腾。这使我明白了，指挥不仅仅是打个"拍子"，还应起到鼓动大家情绪的作用。这次见面，他在台上，我在台下，我认识他，但他并不认识我。

那年4月，我和星海有了比较直接、比较多的接触。当时在武汉的昙华林办了一个歌咏干部训练班，昙华林是当时政治部三厅的所在地，周恩来、郭沫若同志团结了很多著名的艺术家在那里，我当时作为学员参加了"歌干班"，星海是"歌干班"的老师，教我们指挥，也教一些作曲理论。那时上课很有意思，因为日本的飞机经常来轰炸，在教室上课临时往防空洞跑来不及，就把课堂设在了防空洞的外面，敌机不来时就上课，敌机一来，就躲进防空洞。这样，我就跟随我的指挥启蒙老师冼星海，在防空洞的外面开始了我的专业的学习，并从此走上了毕生指挥的道路，这大概是星海老师当时没有料到的。星海从基本的指挥技巧开始教：两拍、三拍、四拍怎么来打，大家跟着学。60年过去了，一些具体的学习细节，我都记不大清了，但星海有一句话给我留下了非常深的印象，他说："作为一个指挥，应当掌握非常过硬的基本技巧，对所需要的每一项基本功都要练到家。但一定要记住，在舞台上演出时，不要把所有的'能耐'都用上，要根据音乐的需要，该用的才用，不要在音乐之外卖弄功夫。"这句话对我一生做学问都有很大的影响。

黄：在什么情况下，你首次指挥演出《黄河》，谁听你们演唱？什么样（规模）的合唱队（团）？当时有什么乐队（或用什么乐器）伴奏？是否演出了全曲（包括朗诵诗《黄河之水天上来》）？

严：抗战时期，李凌和赵沨在重庆创办了《新音乐》杂志，从1940年1月开始，每期陆续刊登《黄河大合唱》的乐谱，用的是简谱。我当时在孩子剧团，1940年年初住在重庆郊区金刚坡下的"全家院子"（当时郭沫若同志就住在那里），春夏之际又搬到了土主场。每个月《新音乐》出版后，孩子剧团就派人翻山到重庆城里去买回来，大家按照谱子排练。开始时，是把谱子抄在报纸上，贴在墙上让大家看着唱。到土主场后，就由我刻钢板，蒋肇庚油印，装订成一本，大家拿着歌本排练。《黄河大合唱》我们是排练一段，就在乡下演出一段；《新音乐》上都登完整了，我们排练完后，就演出了全部的作品。我们孩子剧团的活动主要是在农村进行抗日宣传，演唱《黄河大合唱》一般也都是在农村。到村头用木板搭一个台子，或找到一个比较高的土台子，就开始演唱，除了演唱歌曲，还演出戏剧、歌舞等节目。来看我们演出的有农民，也有因战争迁到农村的机关职工和学校学生，没有座位，也不用买票，就站在那里听。那时的条件很艰苦，使用的乐器比较简单，有什么就用什么，演出《黄河》时的乐器有脚踏风琴、二胡、口琴、笛子，还有锣鼓等家伙。我们的演出阵容还不错，一共有60多人，除了十来人的小乐队，演唱人员大概有50人。一般都是演唱全部作品，有独唱、合唱和每段前面的朗诵，但很少演出《黄河之水天上来》这一段，有时因为没有独唱演员，就不唱《黄河怨》。我当时除了当指挥，也唱过独唱，前面讲的演唱《黄河颂》的事就发生在那个时候。合唱部分我们唱的是四部混声合唱，因为那时我们较大的团员都已经十六七岁，有的男孩子已变了声，能唱男低音、男高音声部。

  首演《黄河》的具体时间记不大清了，好像是在春夏之交，或是初夏。那时重庆也有一个合唱团，是由李凌他们组织的，他们常在城里演出《黄河》。有一次，这个合唱团由词作者光未然亲自担任朗诵，赵渢唱《黄河颂》，指挥是李广才。有人讲，《黄河大合唱》是由我们孩子剧团在重庆首演的，说我们比李凌他们的团首演时间早。我觉得谁是首演并不重要，也没有必要论证这个事情，关键是《黄河大合唱》这部伟大的作品，在当时中国的革命战争和艺术建设中起了重要作用。在我们演唱全部作品之前，《黄河》的很多段落已经在重庆地区，以及更大的范围内广泛流传。那时因敌人常在城市轰炸，很多机关和工厂都搬到了乡下，我清楚地记得，在从城里回驻地的路上，经常会听见《黄河》的歌声。有时从山头上传来高亢的男高音："我站在高山之巅，望黄河滚滚……"有时田间会飘荡着清亮的女声："黄水奔流向东方，河流万里长……"甚至国民党的宪兵操练时，都会整齐地唱着："风在吼，马在叫，黄河在咆哮，黄河在咆哮！……"要知道，国民党宪兵是专门抓共产党的，可他们唱的却是从延安传来的歌曲。可见《黄河大合唱》的流传之广和对人们影响之深。

  黄：首演时你怎么理解和处理这部大合唱？

  严：当时是怎么处理这部作品的，我不记得了。当时没有现在这么高的水平，没有什么排练的计划啊、作品的处理啊……有了什么好歌，拿来就唱。我个人，因为在武汉时就参加了救亡歌咏运动，听过，也唱过、指挥过不少的歌曲。我们孩子剧团，从上海步行到武汉，途经湘、桂、黔，一路唱歌演戏到重庆，每年春天到秋天，都在农村进行抗日宣传演出。冬天时就集中起来学习，学时事，也学文化和各种艺术专业课程，能力和专业水平都提高得很快。有了好的作品，我们团拿来就唱，四部合唱也能唱。当时演唱，只要音准、节奏唱对，感情对头就行了，没有像现在这么多的学术理论啊、艺术手法的处理。再说我那时也不是专职的指挥，在团里什么都干，唱歌啦，跳舞啦，管伙食啦，但比较偏重于指挥。

现在我对《黄河》倒是有一些处理，但是你还没有问。

黄：你从苏联进修回来，第一次指挥（或在苏联已指挥过）《黄河》，你又有什么新的理解和处理？同时再请你谈谈现在对《黄河》的处理。

严：准确讲，不是从苏联回来，是在解放前、离开孩子剧团后，我又指挥过很多次《黄河》，并有了一些新的体会。

1947年，我到了香港。1948年的春节，郭杰指挥1000人演唱了《黄河》，我协助他担任排练指挥。1949年年初，我到了北京（那时还叫"北平"）。为了庆贺第一届文代会的召开，在西长安街上的"首都影院"举办音乐会，演出了《黄河》，是由育英、贝满两所学校和人民文工团合作演出的。演出前成立了指挥组，我又担任《黄河》的排练指挥。演出那天，从解放区来了很多从事音乐工作的同志，有不少指挥，他们从解放区来，对《黄河》的处理与我们来自国统区的艺术家又不太一样。当时我常去观摩他们的排练，印象深的是时乐濛的指挥，他逻辑性很强；看任虹和张非的排练，则起伏转折丰富，我从他们那里学了不少关于《黄河》的处理。我过去曾经说过，指挥是一门实践性很强的专业，对这个专业的学习，其中很重要的一项内容是"偷艺"。一个指挥艺术家，除了勤奋和才能外，还要善于学习别人的长处，要在平时的观摩中做一个有心人，通过琢磨别人对作品的处理来加深理解，看到好的处理就"拿来"，这样的长期积累才能使自己的理解和处理有所提高并渐趋完善。我对《黄河大合唱》的处理就是这样的，我的处理里面有很多别人的东西，我只不过是挖掘了其他指挥的长处，很多新的东西都是"偷"来的。

1957年，我在苏联学习期间，莫斯科也上演了《黄河》，请我担任艺术顾问。那次参加演出的是苏联的乐队、合唱队，用俄文来演唱。苏联人唱中国歌很有意思，他们唱"黄河"时，把"黄"的母音分成两个音节，唱成"胡一昂"河。在国外听到这些黄头发蓝眼睛的苏联人唱我们中国的作品，心里感到乐滋滋的，原来总是我们学唱外国的、外文的作品，现在听到苏联人演唱他们的"外国作品"（我们的《黄河》），我觉得非常自豪。

这次演出由我负责合唱和独唱的排练，李德伦负责乐队的排练，演出的执行指挥是李德伦。独唱部分的处理是由我来设计的：那次的《黄河怨》由郭淑珍来演唱，排练时，我建议她对作品的感情处理要有一个布局，开始时要唱得非常压抑，要把声音控制住，气息要很长很匀，"风啊，你不要叫喊！云啊，你不要躲闪！黄河啊，你不要呜咽！……"这三句，每句要用一口气很轻地唱出来，这样才能使前后形成强烈的对比，把后面悲愤情绪充分发挥出来。郭淑珍至今仍说她的"郭版《黄河怨》"是我和她的共创，我当然不敢掠美，不过国内公认"郭版《黄河怨》"是极动人的演唱。这首歌目前已经成了郭淑珍教学的必教曲目，也是她钟爱的曲目。唱好这首歌的前面几句是非常难的，要唱得轻，唱得长，既要控制声音，又要使人感受到那深埋心中的悲和恨。当年郭淑珍的演唱受到了高度的赞扬和广泛的接受，从艺术家到不识字的家庭妇女都被她的《黄河怨》感动得落泪。现在的这些年轻孩子，能够像这样演唱《黄河怨》的没有几个，这么多演员，包括郭淑珍的学生，只有汪燕燕和王秀芬能够将这几句一口气唱下来。通过这次与郭淑珍的合作，我有了一个很深的感触：塑造丰富动人的艺术形象，必须具备扎实过硬的艺术手段。这是我在艺术路途上的一个新的飞跃。

第二个长进是，艺术上没有重点就没有全局。当拿到一个作品时，不能按每个小节、每个拍子来处理，而要对作品作出整体的、全局的分析和理解，找出艺术处理的重点。如《黄河颂》，星海写了三稿，这说明他当时已经感到写作这一段的艰辛。星海希望他写的作品是我们中国自己的东西，而不是外国"康塔塔"或清唱剧的简单复制。这首歌中，最高音"mi"出现了9次，"啊黄河！"重复了3次，演唱时处理得不好会絮烦平淡，使乐曲失去光彩，演唱者也只能在音量上越唱越响，越唱越使劲，最后唱得声嘶力竭，反而破坏了听众的情绪。我在处理时，抓住3个"啊"、9个高音"mi"，注意使每个"啊"都不一样，要有层次，重点要放在第3个"啊"上。前面出现的最高音一定要控制住，尤其是开头第一句就出现的高音"mi""我站在高山之巅"的"高"字，一定不能用全力去唱。这样才能有"后劲"，才能在后面将音乐推向高潮，产生感人的效果。最初和我合作，能完整演唱这首作品的演员是黎信昌，他以演唱艺术歌曲见长，在唱《黄河颂》时沉着，控制力好。没有好的控制力就无法塑造艺术形象，黎信昌就是一个富有修养的艺术家。另一位是刘秉义，他的长处是富有激情，后劲饱满。前面控制好，后面才能够尽力地发挥，使这一段很感动人。1984年，在北京人艺剧场为迎接星海的骨灰回国而举办的音乐会上，刘秉义唱的《黄河颂》发挥得极好。

扎实的基本功、精湛的艺术修养是塑造艺术形象的前提和保证；处理艺术作品要有全局和重点。这是我在苏联学习后的一些收获。

黄：你的指挥能激发合唱队（团）的激情，用你指挥手势（特殊的指挥语言）把作品的整个气势、起伏交代得如此清晰，让观众和你们一起进入一种艺术的氛围，全身心地歌唱我们伟大的民族、伟大的多灾多难的祖国，歌唱我们的母亲河……

作为指挥你个子不高，身体不太好（特别是后来你也是年逾七旬的老艺术家了，有时腰痛），可是，你一站到指挥台上，一切就都忘了！全神贯注地背对那么多观众，面对几十、几百、上千、上万个专业、业余的合唱团团员们，你和合唱队融为一体，用歌声来表达半个多世纪前诞生、至今仍具有艺术生命力的大合唱作品，它表现了当年抗日战争年代，面对凶残的侵略中国的日本人，中国人民大众同仇敌忾、自信、自强的民族气质和爱国热忱。

《黄河》诞生近60年，如果没有优秀的指挥、独唱、合唱演员、乐队伴奏的严肃、认真、热情、精湛的表演，这部作品不可能如此久唱不衰。

严：这个问题不像是对我采访，像是对我鼓励。干指挥这一行，不完全取决于个人的外在条件，只要对音乐的理解深刻、意境高，就可以调动起演唱演奏者的激情，发挥他们的主观能动性，将作品表现好。我从另一个方面，用另外一种方式来讲这个问题。

在苏联学习时，有一位老师告诉我，指挥有两种学派：一种是规范，另一种是激情。

前者注重准确、严谨。这一派我喜欢。艺术的表现应是恰到好处的。据说德国人每次演奏经典作品时，一分钟不差，甚至一秒钟也不差。要达到这样的标准，必须要有一个科学的头脑和经过刻苦的锻炼。当然音乐的表演不只是在乐曲的速度方面，还要达到其他方面的准确。这都是苦练出来的。

后者注重感情投入。苏联音乐家说：你不能忘记你的身后还有听众，你必须带领演员去激发听众的感情，并引起他们的共鸣。我也喜欢这一派。感情是表演的依据，也是表演的目的。感情的投入必然促使指挥作出细腻多彩的艺术设计。

我是兼容并包：情为依据，艺为手段，通过恰如其分的艺术手段去塑造感情准确的艺术形象。在业余合唱团面前，多用形象启发，并适当渗透艺术手段的使用；对专业合唱团则偏重于严格要求演员们用准确的艺术手段去表现作品。

黄：你大约估计一下，你指挥过多少场《黄河》？对海外华人合唱团，你是如何启发他们激发歌唱的热情，使演出收到预期效果的？他们又如何与你这个中国艺术家合作，使你们"一曲《黄河》，共唱心声"？你曾辅导指挥、举办有关《黄河》的讲座大约多少次？

严：《黄河》在抗战中起到了不可估量的作用，即使是在解放战争、抗美援朝以至和平建设时期也成为非常受欢迎的保留曲目。这远远超过了作品写作年代和地区的局限。战争时期演唱《黄河》，鼓舞了全国人民抗战的信心和勇气。现在演唱这一曲目，又起到了增强全世界华人作为中国人的自豪感的作用。

最初在海外演唱《黄河》，是 1985 年在香港的"黄河音乐节"上，那是我离开香港 40 年后，第一次回那里。那次我指挥 1000 人演唱了《黄河》。真没有想到，《黄河》在香港竟然是广泛传唱的曲目。原以为他们对《黄河》会比较陌生，但给他们排练了两次，就可以上台了，演唱的还是我们中央乐团用得比较复杂的"专业谱"，这说明他们对这部作品非常熟悉。他们当中，有来自各种不同方面的人，还有一些外国人也在里面唱。能唱得这样好，主要是作品本身的魅力。因为在近 100 年的中国历史上，中国备受外国列强的欺侮。抗日战争成为中华民族的一个转折，以侵略者在投降书上签字为结束。《黄河》唱的正是这一历史，所以不论海内外的中国人，唱到《黄河》，都感觉到作为中国人的骄傲。特别是海外华人，唱《黄河》、听《黄河》，其喜爱的程度甚于海内。

在台湾演唱《黄河》是在这个作品被禁演了 40 年以后。台湾的人民非常喜欢《黄河》，反复呼吁要求演唱这首曲目，后来实在无法阻止了，就想出了一个下台阶的方式：改动了《黄河》歌词中无关紧要的几个字就让上演了。1991 年，台湾的爱乐合唱团还来北京与中央乐团一起演唱了《黄河》。一曲《黄河》，成了联结海峡两岸中华儿女的纽带。

1994 年，在美国旧金山演出《黄河》，是由当地华人组织的演出。美国的华人有各种不同的组织，他们来自中国的不同地区，有大陆的、台湾的、香港的，他们的文化素养、方言、政治观点和信仰各不相同。但他们在唱《黄河》时，找到了共同的词汇和曲谱，各种的差异被消融在《黄河》的诗篇中，《黄河》的宏大乐章成了团结海内外华人的强大凝聚力。他们演出完回到后台的第一句话就是："我是中国人！"这就是《黄河》给予海外赤子的鼓舞。

1995 年，我们中央乐团在新加坡、马来西亚演唱《黄河》，演出结束后，观众久久不愿离去，《黄河》唱了 30 分钟，他们又和演员你来我往地一起高唱了 30 分钟的抗战歌曲。一位华裔诗人当场朗诵道："我们的血管是黄河的支流！……"多么沁人心脾的诗句！是黄河水，也是《黄河》声沟通了全世界华人的心。

要问我一共指挥过多少场《黄河》，没有精确的统计。最近几年演出得多一些，1995 年，庆祝反法西斯战争胜利 50 周年，我一共指挥了 36 场《黄河》，那年辅导的讲座也恰好是 36 个单元，我的指挥讲座中是必然要举《黄河》为例的。那一年还指挥了两场上万人演出的《黄河》：一次是北京万名大学生的演出，另一次是广州一万五千名专业和业余合唱团员的演唱。有人问我指挥一万人和指挥一百人演唱《黄河》有什么不同，我觉得，指挥百人的《黄河》一般比较细致，比较注重艺术表现的完整，注重以作品的表演质量来感动听众，而万人的演唱，体现的是作品的宏伟和合唱队伍的实力，每个演员不仅是艺术的表演者，同时也是艺术的欣赏者和受鼓舞者，他们的参与就是演出的成果。我指挥《黄河》已经快 60 年了，除去"文化大革命"10 年，平均每年 10 场甚至以上，大概共有千场左右了吧。我觉得不能仅以场次来说明一个艺术作品的作用，数量并不一定等同于作用。我希望不要仅仅重视数量。

黄：你自己最满意的（较大型的），或印象最深的演出是什么时候，或哪一次、哪几次？

严：一个正常的指挥家，对自己最满意的演出大概不会在他在世的时候能说得出来的，表演的顶点将是他一生的不断追求。我觉得我最满意的一场《黄河》还没有演出呢！最满意的不好由自己说，而应由听众去判定。我现在身体还很好，指挥到 21 世纪大概不成问题，我想，我最满意的一场《黄河》也许在 21 世纪。

至于印象深的，倒是有几次。

1946 年 1 月 4 日，在重庆举办了星海逝世纪念音乐会，演出地点是江苏同乡会礼堂。当时国民党已经发动了全面的内战，对内的统治也开始露出了狰狞的面目，此前不久还在昆明枪杀了请愿的学生，形势比较严峻。那一次的音乐会上演出的《黄河》是由国立音乐院的学生演唱的，由我指挥，用钢琴伴奏，演唱的水平比我们在孩子剧团时好多了。那天的听众特别多，还有很多重要人士，有周恩来、郭沫若、沈钧儒、李公朴，还有王若飞、邓发、叶挺、博古等人，孙科（孙中山的儿子）也来了，我们请他来，主要是为了镇住在场的国民党特务的气焰，不让他们捣乱。演出很成功，最后大家群情激昂，在李公朴的指挥下高唱着《救国军歌》离开了会场。"枪口对外"的歌声响彻山城夜空，表达了人民要民主、要和平的强烈愿望。

另一次印象深刻的演出，是 1960 年 10 月在首都剧场举办的纪念聂耳、冼星海的音乐会。演出曲目除了《黄河》还有聂耳的《扬子江暴风雨》和星海的《生产大合唱》等，参加演唱演奏的是中央乐团和民族乐团，这场音乐会由我担任《黄河》指挥。那天周恩来总理来观看了演出。演出反响很好，剧场气氛非常热烈。听众要求"返场"，我就指挥演员唱聂耳的《前进歌》。我仍像平时表演节目一样，站在台上对着乐队和合唱队演员指挥。全场听众包括演员都非常激动，一边鼓掌一边高声歌唱。这种与人民群众在音乐中交流和由此而产生的共鸣深深震动了我，我赶快转过身来，面向听众指挥。这使我明白了音乐是用来激发人的感情、用来鼓舞人民的。一个好的、真正的音乐家，一定要在音乐中投入与人民共同的感情，而不能只抱着客观的、冷淡的"表演"态度，那样只能做一个"艺术匠"，而不能成为艺术家。

《黄河》在"文化大革命"中也和其他很多好作品一样遭遇厄运，不让演出。后来，《黄河》的曲作者因毛主席当年的题词"为人民的音乐家冼星海致哀"而得到"解放"，但《黄河》的词作者张光年（笔名光未然）同志却仍然是"黑帮"。于是就"腰斩黄河"，因而产生了"留曲不留词"的《黄河》(钢琴协奏曲)。到了 20 世纪 70 年代,"四人帮"还要给《黄河》改词,因此又出现了把《河边对口曲》的词改成了"指导员,我问你,前线有啥好消息"等等事情,现在看起来都是非常可笑的。1975 年,星海生前伴侣钱韵玲同志曾给中央领导写信,说今年是星海逝世 30 周年,是不是可以用原词演出《黄河大合唱》。后来得到批准:可以用原词演出。1975 年 10 月 25 日,我们在民族宫礼堂举办了纪念聂耳和星海的音乐会,演出了乐曲《金蛇狂舞》《下山虎》和歌曲《新女性》《飞花歌》等,最后演出的是《黄河大合唱》。这场音乐会连续演出了三场还收不住,又在北京工人体育馆加演了一场。这么长时间没有演出《黄河》了,年纪大一些的人都想念它,含着眼泪聆听,年轻人也喜欢听它,但不知道作品的来历,以为是一部新作品。记得当时的音乐院("文化大革命"时期叫文化部"中央五七艺术大学")有学生给"冼星海同志"写信表示赞赏,寄到了中央乐团,有位同学还说:冼星海真了不起,这么快就把《黄河》协奏曲填上词,变成大合唱了。真正属于人民的好作品是禁止不住的,它终究会冲破桎梏,重新回到人民当中。人民喜爱的艺术形式合唱也是这样,比如目前有的人想借"改革",强行将中央乐团合唱队"精简"掉,这一做法在全国产生了很坏的连锁反应,各地的专业合唱团几乎一下被砍光了。但是这不能消灭人民所喜爱的艺术形式,中央乐团合唱队虽然曾被屈辱地加上"附属"的名称并遭到摧残,但它仍然会顽强地生存下去,喜爱它的人民会同情它、支持它。40 多年来,它以精湛的演出奉献给人们高质量的艺术珍品,使人们得到精神上的享受和满足,人民记得它,海内外人民喜欢它。即使现在将它扼杀了,它所播下的合唱事业的种子也会在将来重新发芽、开花、结果。

黄：请你谈谈对《黄河》这部作品的简要评价，或对今后年轻指挥家有何建议？

严：《黄河》问世60年来，在中国的历史和中国音乐文化的建设上，以及在世界上都起到了非常大的作用，我作为演出这部作品的指挥，在其中所起的作用是有限的。再者，《黄河》的曲作者冼星海和词作者光未然都是我的师长，我怕是不能评价得了他们的作品的。要说呢，只能谈谈多年来指挥这个作品过程中的心得和感受。

《黄河大合唱》能够对中华民族的文化和历史起到这么大的作用，首先因为它是词作者和曲作者心声的真诚流露。星海早年到法国刻苦学习音乐，回到祖国后，已经是一个比较有名望的音乐家了。他没有以此为资本，去谋求自己的利益，他从不写当时既容易赚钱，又比较风行的消遣性音乐，他没有把音乐当成表达一己感情的工具。他甘冒失业的威胁，用他的笔谱写挽救民族危亡的呼号。他将自身的利益与人民大众联系在一起，把自己的出路完全融于争取民族生存的斗争中，他对广大民众的疾苦有着深切的感受，他的情感也是与人民相通的，因此他心中的音乐才能代表人民大众以至整个民族的心声，表达人民心中深切的愿望，这样的音乐才能打动人、鼓舞人，才能激起整个民族的共鸣。正如周恩来同志在1939年时给他的题词所说："为抗战发出怒吼，为大众谱出呼声！"

另外，星海的《黄河》是我们中华民族自己的音乐作品，它没有让外来的艺术形式俘虏中国音乐，而是用自己民族的风格占有外国的形式。长期的封建制度，使近现代的中国处于封闭、保守的状态，科学、文化包括音乐都比西方国家落后很多。为了寻求中国的富强和进步，20世纪初我国很多有志之士都去西方学习，学习他们的科学、文化和艺术。有些人学习后照搬照抄，全盘拿来。但有一些学者不是这样，他们力图运用外来形式，建造自己的新兴音乐，像萧友梅、黄自、赵元任等都是这一建设的早期开拓者，对我国的音乐事业做出了卓越的贡献。但用外来形式表现中国的东西，而没有丝毫留下复制"外来"的痕迹，星海是第一个，这是中国音乐用外来形式，表达中国人的思想情感非常成熟的实践。

对这一作品的艺术处理，还有几个小的体会。

第一个体会是"先声夺人"，这表现在《黄河船夫曲》中。当朗诵完"……如果你已经忘记了，那么你听吧！"合唱唱出的第一声"嗨哟！"有着震人魂魄的气势。这一声立刻把人的情绪紧紧抓住，就像船驶入瞿塘峡时"万水争一门"那一刹那的气派，汹涌澎湃，轰然而来。据说，星海在延安指挥《黄河》，这第一声出来时，震撼了所有听众的心，真是震耳欲聋、排山倒海，好像要把礼堂震塌了似的。这就是作品的时代感，表达了人民同仇敌忾抵抗侵略的抗战雄心。

第二个体会是音乐有起伏、有对比，主面、侧面互相衬托。比如《黄水谣》，前段的曲调整体上是流畅、抒情、愉快、优美的，这是它的主导面。但也有侧面来陪衬它，在连续、流畅的旋律中，也有断的、跳跃的音来烘托主要形象。又如《保卫黄河》，以雄伟、高亢、强烈、有力为主线，但其中也有轻而活泼的小节作为转折，音乐的布局要有主有次，对比鲜明。我们是要突出主旋律，但需要有和声作为基础，并要有丰富多样的支声部与之并行作为支持，否则，主旋律就变成了"单旋律"，成了单调、单一，这该是多么单薄啊！

第三个体会是作品的顿挫和层次。《黄河》的音乐不仅有横的线条上的起伏和顿挫，还有竖的和声方面的层次，这使音乐形象非常有立体感，显得丰满厚实。这些都是太专业的问题，就不多讲了。

如果是对年轻人讲几句，我想说的是，一个专业指挥，除了技巧、艺术方面应有的能力和修养，还要学习星海同志的精神。现在做事，一般都要讲"两个效益"。星海的《黄河》给中华民族留下了巨大的精神财富，但他在写作时却是没有任何报酬的。他仅用短短六天时间，一气呵成写出了这部伟大的作品，物质上的所得，只有词作者张光年送给他熬夜时吃的两斤白糖，直至他去世，也没享有过什么"著作权"。《黄河》的精神鼓舞着一代又一代的中华儿女，这巨大的能量根本无法用现在庸俗的"价值"来衡量。这说明一个真正的艺术家，他的知名度和劳动的价值并不等于他向社会索要的"价格"，而在于他奉献给人民、留存在人民心中的真正的精神财富。

我从事指挥工作已经 60 年了，指挥过几千场音乐会，也指挥了几千首作品，为了学习专业知识，也曾经在国内外的高等学府中喝过不少土的和洋的"墨水"。但《黄河》却一直在培育、滋养、鼓励着我。我是在《黄河》的乐声中成长的，我也愿以今后继续指挥、讲解《黄河》来为我所热爱的广大人民服务。

原载黄叶绿编《〈黄河大合唱〉纵横谈》，新华出版社 1999 年版

啜茗叙往：《黄河》声浪七十载
——王安访严良堃

贾伟录音整理

1939年，在延安的窑洞中，冼星海在六天六夜内完成了《黄河大合唱》的八首合唱、齐唱、独唱、对唱、轮唱作品的谱曲。这部中华民族的音乐史诗，70年来久演不衰，激励了一代又一代人。今年是新中国成立60周年，也是《黄河大合唱》诞生70周年，中国交响乐团党委书记王安与指挥家严良堃进行了关于《黄河大合唱》的对话，严老所谈思路清晰，内容丰富，值得一读。

严良堃的一生，注定与《黄河大合唱》结缘，他的第一个指挥老师，就是《黄河大合唱》的曲作者冼星海。严良堃从1940年在重庆第一次指挥孩子剧团公演《黄河大合唱》到今天，已指挥这部不朽作品超过千场。他称自己是指挥《黄河大合唱》的"专业户"，而人们公认他是指挥、诠释这部作品的权威。

毛主席连叫三声"好"

王安（以下简称"王"）：回忆有些事情对咱们现在的人、对年轻人会有帮助，正所谓"以史为鉴，可知兴替"。今年是《黄河大合唱》诞生70周年，而您与它结下了不解之缘。

严良堃（以下简称"严"）：《黄河大合唱》产生于1939年抗日战争最艰苦的年代。1939年3月31日，冼星海就写出了鼓舞斗志的《黄河大合唱》。开始是光未然过黄河的时候有所感触，写了首长诗叫《黄河吟》。他在吕梁山游击区骑马的时候摔断了左手，后来随同抗敌演剧第三队到延安去治疗。那个时候的演剧三队是支综合性的文艺宣传队伍，除了演戏外，又唱歌又跳舞。光未然到了延安后就碰到星海了。星海说："我们合作过，我现在想写点东西，你是不是给我一点歌词呀！"光未然说："好啊！我正好有一首长诗叫《黄河吟》，我把它改成歌词，搞一个大合唱。"后来两人商量，第一段是什么、第二段是什么，一共有八段：有独唱、对唱、齐唱、合唱，还有朗诵。光未然就拿回去改，改完了之后就拿到演剧三队去朗诵。这一朗诵，大家高兴得不得了。歌词本身就非常感动人，星海从光未然手中一把夺过歌词说："我有把握把它写好。"3月26日开始写，到了3月31日就写出来了，六天的时间，这真是快。每段写完了之后，给大家唱一遍，让大家提意见，一共八段就是这么干出来的。

首演是1939年4月13日，演剧三队演唱的。第一次演唱有二三十人，鲁艺的乐队给他们伴奏。世界上第一次《黄河大合唱》的首演指挥叫邬析零，新中国成立后他在文化部工作过，后在出版社离休。演剧三队后来又在延安演出了一场。他们到延安就不想走了。后来中央说，如果走出去就会发挥更大的作用，从延安出去就影响到全国了。演剧三队的同志坚决执行中央的指示，离开延安，奔赴更广阔的战场。5月11日才是星海自己指挥的，有一百多人——有鲁艺的、抗大的、女大的，加上伴奏，有口琴、笛子、三弦等，还用洋油桶改装成低音二胡。5月11日的演出毛主席来听了。星海在日记中讲："今天是个空前的音乐会，毛主席还叫了三声'好'。"

王：当时延安的条件怎样？

严：冼星海在写《黄河》的时候也是非常艰苦的，在窑洞里写。当时他的夫人钱韵玲还怀着孩子。她为冼星海做了个小写字板，星海就坐在土炕上面写。其间，光未然来问他："星海，昨天开夜车了吧，怎么样了？需要给你煲汤吗？"星海说："不要煲汤了，你给我买一些水果糖吧。"广东人爱吃糖。但全延安从东到西，从南到北都买不到水果糖，抗日战争时期嘛！后来王明的爱人知道了，找到光未然。她喜欢音乐。她说："我那儿有白糖，借给你两斤吧。""好，回头还给你。"光未然说。

就靠借来的这两斤白糖，星海晚上困了，就一边吃白糖，一边写。这两斤白糖也算是立下了汗马功劳。就这样，六个日夜就把它(《黄河大合唱》)写完了。3月写完的，4月就演出，"五一"开篝火晚会，就到处都唱了，"风在吼，马在叫……"就这样很快流传出去了。

王：好像当时冼星海同志的歌流传得特别快，像《二月里来》也是这样，写出了之后，马上就有人唱。

严：是的，他很了不起，3月写了两个大合唱。月初是《生产大合唱》，里面有两个歌是很出名的，"二月里来呀好风光……"(《二月里来》)、"酸枣刺，尖又尖，敌人打到黄河边……"(《酸枣刺》)，也是很快就在全国传唱开了，那时候一没通过广播，二没通过出版，更没有电视，凭着口就传开了。

王：这也说明在延安的革命队伍里，还是有不少懂音乐，至少是喜欢音乐的知识分子，能教大家。

严：后来有人把稿子带到重庆了。李凌那个时候和赵沨在重庆办了个刊物叫《新音乐》，从 1940 年 1 月起陆续把《黄河大合唱》全部发表了。当时都是简谱。就这样，一下子就唱开了。不但在大后方唱，在上海租界也唱。士兵出操在唱："风在吼，马在叫……"山顶上有人在唱："我站在高山之巅……"这一下《黄河》好像长了翅膀一样传开了，影响很广。在西南演的时候，演剧队还有造型，他们用造型的手法把《黄河大合唱》整个演绎了一遍，有灯光，有人物。利用当时可能的一些条件丰富《黄河大合唱》的表演。

《黄河》唱遍世界各地

王：后来《黄河大合唱》还在国外好多地方演过。

严：抗战后期，有一说是李丽莲就把它带到美国去了。李丽莲是陕北搞音乐的一个女同志，最早是在延安演秧歌剧的。在美国演唱的是一位黑人歌唱家保罗·罗伯逊，用英文唱《黄河颂》。

王：那个时候是谁翻译的呢？

严：咱们共产党有的是能人。那个时候在国外演唱《黄河大合唱》的人不少。外国人唱《黄河大合唱》，在我的印象中第二个就是苏联人了。1957年在莫斯科举办了苏中友好年的活动。那个时候，我、李德伦和郭淑珍都在莫斯科念书。当时在莫斯科音乐学院的大音乐厅演出，用俄文唱了《黄河大合唱》，很隆重。有莫斯科的乐队、合唱队和独唱演员参加，还包括我们的留学生。郭淑珍唱《黄河怨》，李德伦指挥，我是艺术顾问。演出了一场，那是外国人用他们本国的语言来演出的。我们那个时候感觉很骄傲，过去我们总是用中文唱外国歌曲，这次可是他们用俄文唱中国歌曲。

新中国成立以后开展中日友好的工作，吕骥把这个谱子送给了日本神户的一个进步团体，他们用日文唱《黄河大合唱》。歌词中有一句"自从鬼子来，百姓遭了殃"。有一个日本小家伙问，这"鬼子"是谁呀？有人就告诉他，这"鬼子"是日本军国主义者。那是20世纪50年代后期，中日友好来往不少。

还有一个美国合唱团把《黄河大合唱》整个都唱下来了。是由姚学言指挥的，他原是我们中央歌剧院乐队的一个同志，后来到美国搞指挥去了。他们全部用中文唱，而且咬文嚼字挺准的。特别是两个人的对唱："张老三，我问你，你的家乡在哪里？"就像中国人在唱。1995年的时候，姚学言带着他们到中国各地演出。没有一个中国歌曲像《黄河大合唱》铺得面那么广。

"我们的血管是黄河的支流"

王：七十年过去了，今天再听《黄河大合唱》还是那么令人感动，这就是像您说的，有一种爱国主义情怀，而且《黄河》有很强的象征意义。

严：《黄河大合唱》的影响是深远的。中国人一百多年来受外国人的侵略和蹂躏，每次反侵略战争都是以我们在投降书上签字而告终，要么割地，要么赔款。抗日战争则是侵略者在投降书上签字，增强了全世界华人的民族自豪感。旅美华人在旧金山演出的时候，大家非常高兴。演毕到地下室喝咖啡庆祝，有人问："唱《黄河大合唱》是什么感觉？"在场的同胞一起答："我——是——中——国——人！"领事馆的同志讲，听《黄河大合唱》，他们鼓掌鼓得手都肿了，回去睡不着觉，感情不一样啊。

有一次在马来西亚演出，散场时正赶上下大雨，我们和听众都走不了了。在剧场前厅，我们和观众一起拉歌，我们把会唱的歌都唱了。有一个五十多岁的人会唱20世纪30年代的歌，我问他怎么会唱那个时候的歌？他说："爷爷教的，他告诉我不要忘记根在中国。"

当时还有一个诗人，他说，我听了你们的《黄河大合唱》很有感触。他即兴创作一首诗，诗中说："《黄河》唱出了我们的心声，我们的血管是黄河的支流。"就是说通过《黄河大合唱》让他和祖国贴得更近了。《黄河》在抗战时是一支鼓舞全国人民奋勇抵抗侵略者的战斗号角，如今又成了团结全世界华人发挥极强凝聚力的诗篇。这就是刚才你讲的，《黄河》为什么七十年还久唱不衰的根本原因。

《黄河》经历的坎坷岁月

严：《黄河》流传这么长时间，也是很坎坷的。一是在中国"十年动乱"的时候，有人说《黄河大合唱》是王明投降路线的词，毛主席革命路线的曲。冼星海真伟大，在投降路线的词上写出了革命路线的曲子。这是什么逻辑?! 后来我对他说,你别这样讲了,这样讲不好。当时除了有八大样板戏以外,还能拿出点什么东西? 有人说《黄河大合唱》可以唱啊! 那就唱吧。但词是光未然的,那怎么行,光未然还在"牛棚"里呢! 于是就来改词,什么"指导员,我问你,前线有啥好消息?"真滑稽。改来改去最后改不下去了。后来,周总理说,这是历史,不要改了。改不了词就唱不成了,于是就留曲不留词,这样就编了一部《黄河》(钢琴协奏曲),它是把《黄河大合唱》腰斩了之后的产品。

王:这样的话,就不是八个乐章了。

严:三个乐章,《黄河》(钢琴协奏曲)"出身"不好,但表现还不错,因为除了样板戏没有别的东西了。国内老百姓一听《黄河》(钢琴协奏曲)都说:呦! 怎么还有这么好的东西呀。在东欧的演出也挺轰动。之所以说《黄河》(钢琴协奏曲)"出身"不好,是《黄河大合唱》被拦腰斩断的产物,可是它"表现"不错,协奏曲就保存下来了。

后来到了1975年的时候,钱韵玲写信给中央领导说,今年是星海去世三十周年,是不是可以演一下。最后批下来了:可以用原词演出。10月12日就举办了"冼星海聂耳音乐会"。在民族文化宫演出了三场,又到北京工人体育馆演了一场。但是规定不准写纪念文章,不准进行宣传,就这样演出完了就完了。

北京演完之后,上海也跟着演。据说他们不知道不准在报上写文章的事,结果冒出了一篇评论文章,说出了《黄河》为什么还有这么大的魅力和吸引力。文章登出来了,主要讲了三条,我觉得不错:一是为什么一个曲子长时间在人们心中起作用,是因为作曲家的世界观的问题,因为星海把自己的出路放在民族出路的里面，而不是放在民族出路的前面，把自己的命运和国家的命运放在一起，他在写作品的时候，不是为了自己要索取什么东西；二是长期创作实践的积累，1938年在抗战期间，星海在武汉半年写了二百多首歌；三是生根在我们民族音乐的土壤中。我觉得这样的讲话比较中肯，比较实在。

那次《黄河大合唱》的演出也算是"四人帮"垮台前的一个信号，《黄河大合唱》十年不能唱，到现在能唱了。中央乐团1985年到香港演出了一场，当时有台湾同胞到香港听了说："咱们中国人还有这么好的东西呀！"1989年，台湾来了一个叫杜黑的音乐家，是国民党将领的后代，跑到我这里来，找到我拿走了总谱。1989年7月1日，台湾演出了《黄河大合唱》，演了两场，非常轰动。

两岸同胞共唱《黄河》

王：在台北演的吗？是全本吗？

严：是全本。演出了两三场，效果不错，老年人流泪，年轻人兴奋。后来1990年他们到大陆先后与中央乐团和上海乐团联合演出过。大陆的乐队、合唱队，台北的合唱队近一百人参加，在我们的大厅排练，杜黑指挥。当大厅响起"黄水奔流向东方……"的歌声时。我胸中一阵热血涌动。当时我想，两岸同胞，人为地隔阂四十年都不能来往，一曲《黄河大合唱》把两岸人民的心连在了一起。两岸的合唱队员一起排练，互相交流，交换一些纪念品之类的。

在香港，1985年8月举办了一个黄河音乐节。一千人同唱《黄河大合唱》，中央乐团去了一百人，还去了一个乐队的首席杨秉孙。我们大陆的音协是五年唱一次《黄河》，他们年年唱《黄河》。海外的华人对祖国的感情特别深，要记住一百年来中国被侵略的历史。他们说，过去香港搞联合演出，亲台湾的是一拨、亲大陆的是一拨、搞宗教的是一拨，但《黄河》把这三拨人会集在一起了，也教会了一些外国人唱《黄河》。那次是我指挥的，排练了一次，合了一次就上台了，他们年年都演，所以全曲都会背。

今年 7 月，中国交响乐团又要唱《黄河》，我提出要求咱们可要背噢，全球的同胞都能背《黄河》，咱们还拿着谱子唱，说不过去呀。香港同胞、台湾同胞、东南亚侨胞都是背的，连美国人唱的时候也是背的。因为背的感情不一样，演唱的时候，看着谱子感情的表达就差远了。《黄河大合唱》体现了以爱国主义为核心的民族精神。那次在香港，《黄河大合唱》演了三十分钟，谢幕用了十五分钟，一万多人不走，我在台上下不了台。怎么办呢？哪有这么长时间谢幕的，后来想了个办法，把一束花转献给星海生前的亲密伴侣钱韵玲同志。这束花送出去以后，转移了视线，我就跑下了台。

王：冼星海是怎么去世的？

严：星海在 1940 年 5 月离开延安，与几个搞电影的同志从新疆去苏联完成一个关于延安纪录片的后期合成任务，后来其他的几个人先回来了，等他要回来的时候，盛世才叛变，边境被封锁了，回不来了。之后他流浪到乌兰巴托，从乌兰巴托也回不来了。他又到了哈萨克斯坦，之后就病倒了，住在一家人家里。房东是母女两个，房东的女儿一直照顾着他。

那个时候，共产国际每天给他一公斤面包。1941 年，苏联开始了卫国战争，生活非常困难。由于他是外国人，配给的面包稍多一些，他和房东母女一起吃。后来有一些搞音乐的朋友把他送到莫斯科克里姆林宫医院治疗，医生说他患的是肺病。星海是在那儿去世的，葬在莫斯科近郊公墓，骨灰盒上面镌刻着一排金色的俄文是"中国作曲家、爱国主义者和共产党员：黄训（冼星海的又名）"。20世纪80年代，苏联为了表示对我国的友好，就派人把骨灰送回来了，由苏联大使馆、文化部各出一个人护送骨灰到北京，暂时存放在八宝山，存了有一年多。1985年又送到广州"星海园"安葬。

王：他在苏联期间写了很多作品？

严：星海在莫斯科有很多朋友。在武汉的时候写《第一交响乐》，在延安一直在写《第二交响乐》，到苏联后对这些作品进行了整理。

王：这些曲子都留下来了吗？

严：大都留下来了，但很少演出。某些作品由于生病加上奔波，也有些力不从心的地方，有一些笔误，由后人进行了整理。在整理的过程中也有不同的意见：有些同志认为星海的东西不能动；有些爱护冼星海的年轻人认为，本来是笔误，应该改。那个时候我们中央乐团要演冼星海的作品，李德伦要改，吕骥就不同意，说不能动，说这是你们洋学生对星海的不尊重。后来就组织一个审查组，有音乐院的，也有延安出来的，大家在一起看谱子，看该改不该改。最后的结论是同意李德伦修改的意见。

（原载《北京日报》2009年9月18日）

啜茗叙往：首演《贝九》
——王安访严良堃

贾伟录音整理

日前，中国交响乐团（原中央乐团）党委书记王安代表党委到家中拜访了乐团的老领导、老指挥家严良堃。严老虽然年逾八旬，但思维敏捷、幽默乐观。王安与严良堃就首演贝多芬《第九交响曲》(简称《贝九》)的对话，在新中国成立六十周年之际听起来颇有意义。

王安（以下简称"王"）：严老，我和贾伟同志今天来，一是看望老领导，二是向您学习，三是来喝茶，乐团的人都知道，您家的茶好喝。

严良堃（以下简称"严"）：欢迎。我可以讲当时的一些情况，不讲我自己，我倒愿意，要说我自己，我一百个不愿意。苏东坡说过："泥上偶然留指爪，鸿飞那复计东西？"

三个高峰

王：您的人生经历与中国革命的伟大历史进程密切相连，经历了历史上的许多重大事件，您是亲历者。所以您的人生经历其实不只属于您自己。

严：我说说首演《贝九》的有关情况。1959年演出《贝九》的时候中央乐团正处于一个非常困难的时期，一是我国的经济比较薄弱，再加上一些政治上的压力。那个时候批"洋"、批"高"。20世纪50年代初的时候，重技术啊，轻政治啊，一直都在挨批，我们这个团又是"洋"的，又是"高级"的艺术，所以那个时候活得不轻松、不自如。

王：您是1954年到1958年在苏联学习，1958年回国，开始为庆祝新中国成立十周年做准备的吧？

严：对，1957年、1958年那个时候，我们在台上整天喊口号，求生存。

王：那个时候文艺队伍的情况怎样？

严：在这种情况下，有一个能人——周恩来，他的心胸开阔，有长远的眼光。他觉得应该有高级的东西，所以，他提倡成立乐团，成立芭蕾舞团，成立歌剧团。这样，我们这个团就留下来了。他强调要民族的，不要民族虚无主义，没有错，但也要保持这些洋的东西。当时陈毅是外交部部长，英国的外交部部长鼻子朝天，瞧不起我们中国人，对陈外长说，你知道我们英国是什么样的民族，英国是诞生莎士比亚的民族。好骄傲！陈老总说你不过就一个莎士比亚，我们的地方戏就有好几个莎士比亚，汤显祖就是一个。外交上的接触引起陈老总对文艺的重视，你瞧不起我们，我们就把你的东西拿过来，交响乐、芭蕾舞等我们都要搞，搞好了，请你来看，和你们的一样，让你明白，你们的东西我们都能掌握，而我们的东西你看不懂。所以，文艺上的建树，可以提高民族的自豪感，提高我们在外交场合的国家地位，这就是我们老一辈外交家的想法。所以，新中国成立十周年的时候，在音乐方面，我们的想法是既要有我们自己的东西，也要有外国的东西，拉出来给外国人亮亮相，给中国人长志气。我们提出十周年献礼要搞三个高峰，一是资本主义的高峰，二是社会主义的高峰，三是我们乐团自己的高峰。所谓资本主义的高峰是19世纪的交响乐，交响乐最厉害的就是《贝九》，就攻《贝九》。社会主义的高峰是苏联的肖斯塔科维奇，比较有代表性的就是他的《第十一交响曲》，写1905年沙皇镇压老百姓的事情，这个可以说是社会主义交响乐的高峰了。然后，我们乐团自己的高峰，选择了罗忠镕的《第一交响曲》，写中国人民翻身解放的，把这三个交响乐作品作为我们的献礼。

王：去年我们团做了肖斯塔科维奇作品专场演出，很受欢迎。

严：肖斯塔科维奇的《第十一交响曲》，叫作《1905》。1905年的革命是1917年十月革命的预演。

王：我听关峡团长介绍，咱们团特别适合演俄罗斯、苏联的东西，演奏肖斯塔科维奇、拉赫玛尼诺夫、柴科夫斯基的作品都是非常成功的。2007年2月，在韩国首尔演出了拉赫玛尼诺夫《第二交响曲》，受到韩国媒体和观众的激赏。

严：那个时候，一是演奏"洋"的作品，二是演奏"高"的作品。周总理、陈外长两位卓越的政治家，给予了我们很大的支持。为了提高我们的演奏、演唱水平，在文化部安排下，采取了"请进来，走出去"的措施，我们把团里的一些年轻人送出去学习，同时请外国的专家来我们这里进行训练、辅导。

王：请的专家是哪方面的呢？

严：请的有交响乐的指挥、合唱的指挥，德国的戈斯林训练乐队，苏联的杜马舍夫训练合唱队。然后派我们的年轻人到苏联、东欧去学习，那时候派出去的指挥就有三个——李德伦、我和韩中杰，弦乐的有司徒志文、盛明耀、杨秉孙（赴匈牙利）、盛中国，吹圆号的陈根明，吹黑管的何复兴、张仁富（赴东德），声乐有张利娟（赴保加利亚），到苏联的就有七八个了，加上到东欧的，人不算少。

一分为三

王：中央乐团是什么时候独立地分出来的？咱们现在的说法是1956年建团，您派出去学习的时候是1954年，那个时候您所在的单位是不是叫作中央歌舞团呢？

严：对，叫作中央歌舞团。实际上是一条线，最早的时候中央音乐学院有个音工团。

王：我来咱们团的时候，好几个老同志向我提到过这个词，叫音工团。

严：为什么叫音工团，就是音乐工作者团，文艺工作团在解放区叫文工团。音乐工作团是1949年在天津成立的，里面既有乐队又有合唱队，还有曲艺队，还有民歌队。后来，为了出国参加世界青年联欢节，就成立了中国青年文工团。1951年，他们到全国各地招人，要谁就给谁，好神气呢。1952年完成东欧巡回演出后，回来就全部都扣下来了，成立了中央歌舞团。里面有乐队，有合唱队，有舞蹈队，当然还有创作组，等等。后来到1956

年就分家。1952年叫作中央歌舞团，那是年底成立的。1956年又分，那个时候就将"洋"的和"中"的分开！之后就有了中央乐团、中央民族乐团，留下的还叫中央歌舞团，一个变成三个了。中央歌舞团还存在，以舞蹈为主。乐团的历史要早一点的话，还得从音工团算起。1949年新中国成立后，在北京成立的第一个乐队就是中央音乐学院附属少年班，就是以前的"幼年班"。后来把这个乐队留在中央歌舞团，就是中央乐团交响乐队的前身。中央乐团组建后分合唱队、乐队，还有独唱独奏小组，演唱、演奏的是这三个部门。然后还有创作组，像瞿希贤、张文纲、郑律成，后来还有田丰、施光南等都是创作组的。

留苏

王：您是1958年几月从苏联回来的？

严：1958年9月或者10月回来的。学习期间回来过两次，1956年、1957年都回来过。1956年回来是因为那年要举行一个全国音乐周。我们中央乐团唱的是瞿希贤的《红军根据地大合唱》、马思聪的《淮河大合唱》，还有郑律成的《幸福的农庄》。

王：您担任指挥？

严：我回来担任指挥，一是把郑律成的《幸福的农庄》大合唱给"救"了，因为秋里说这个合唱不行，把它给"枪毙"了。任虹说，严良堃回来了，让严良堃指挥，我就做指挥了。演了后，大家觉得这个作品挺好的。任虹说，一个音乐会就把一个作品给救下来了。我当时就是放暑假时回来的，留苏大学生一个月是 500 卢布生活费，两个月是 1000 卢布。我是研究生，每月 700 卢布生活费，两个月是 1400 卢布，就把这个钱用作路费。回来吃老婆的。

王：等于是利用暑期回来的。

严：对，那个时候回来不少人。第二次是 1957 年回来的。1957 年，莫斯科举办世界青年联欢节，我们都不愿意干了，联欢节期间就是给演出团队做翻译，吃喝拉撒什么都管，其他的事情都干不了。1955 年去波兰华沙的时候，什么节目都看不成，就跟着他们当翻译。

王：那您的语言关是什么时候通过的。

严：我们那个时候（出国前）在留苏预备部学了八个月，还要把社会关系都查一遍。一是学俄文，二是学联共（布）党史，然后要交代自己的历史，交代自己的社会关系，交代自己的家庭背景。这八个月就干这个事。最后，审查完了，没有问题，就上火车出国。八个月学习俄文的政治用语有了，专业用语有了，文法打下了扎实的基础，可是讲话不一定行。你们既然基础有了，就到那里去磨吧。现在当然是忘了，语言这个东西丢久了不用是不行的，60 年代跟苏联搞争论，订的一些俄文刊物都不准看了，俄文也没机会讲了。

"原来《欢乐颂》是从中文翻译的啊？"

王：排练的时候怎样？困难肯定不少吧？

严：排练的时候是这样的。那个时候不树立个人威信，讲究集体智慧，所有作品都是干部们集体讨论，一起听排练，一起出主意；搞艺术民主，所有的声部长还在一起开会讨论，这次排练怎么样，下次排练怎么改进。

王：当时的《贝九》是翻译过来的吗？

严：是邓映易翻译过来的。我们认为给中国人唱，唱洋文有什么意思，唱洋文也听不懂啊！假如给外国人唱还有点意思，外国人一听很亲切——中国人还会唱我们的文字！不过也唱出很多走音的，"文化大革命"的时候，外国人唱我们的样板戏，"临行喝妈一碗酒"他们唱成"临行喝妈一碗粥"，假如中国人要唱德文那就不知道喝多少碗粥了。现在有人在中国人面前唱德文，他自己也不懂，听的人更不懂，然后德国人听起来怎么那么多人在上面喝粥呢？你说是不是这样？所以还是务实为好。

王：排练这套"献礼"曲目用了多长时间？

严："献礼"的活动从4月开始，动员共青团员，克服各种难点。都是集体想办法，比如女高音要唱高音"la"，一下子十三小节，十三小节不换气，从来没遇见过。一定要克服这个高点，这是高峰了，一定把资本主义的高峰拿下来，那是一种气魄，是一种民族自豪感，你洋人能干的，中国人也能干。那时候要求个人的业务要"单兵过硬"，所有的乐队队员、合唱队员都要"单兵过硬"，然后乐队是四重奏，一个一个过关。这是搞《贝九》和肖斯塔科维奇《第十一交响曲》啊！必须认真对待。大家在排练中相互体贴，相互支持，相互关心，共同进步。我们1959年4月开始排练，7月就开始演出了。

王：指挥是怎么安排的？

严：那个时候有李德伦，我也参加指挥了，他指挥肖斯塔科维奇《第十一交响曲》和罗忠镕《第一交响曲》，我指挥《贝九》。

王：《贝九》要多长时间？

严：68 分钟到 72 分钟，一般是 68 分钟。

王：那个时候合唱队有多少人？

严：那时合唱队是两个合唱队混合的，我们和中国广播合唱团，有百十来人。

王：乐队有多少人？

严：乐队搞了个四管编制，也都是在外面借的人，比如湖北等地。然后就扣下不还人家了，有八九十人。一般乐队是两管制，现在搞成四管制，人不少，非常严格，非常认真，也非常和谐。

王：咱们的首演是在哪演的？

严：首都剧场。首都剧场不是有乐池嘛，把乐池盖起来，把乐队整个往前面一推，推到乐池上面，合唱队在后面，挺壮观的。后来在人民大会堂演，北京展览馆剧场也演出过。

王：演出效果如何？

严：那个时候，对演出要求严格、细致、投入。每次演完了，听众都和我们一样像过节似的快活，对外的影响也很大。我们感觉到演这个是很了不起的，中华人民共和国才刚刚成立了十年，许多事业还没有完全恢复过来，但在文化建设上已经达到了一定的高度。

王：也请外国人来看吧？

严：有外国人看，其中有德国人，那个时候还是"东德"，他们的国庆是 10 月 3 日，我们的国庆是 10 月 1 日，演出完后，在北京饭店搞了个招待会，德国驻华大使也在，他非常高兴，他说，贝多芬《第九交响曲》既是你们给中华人民共和国的献礼，也是给我们德国的献礼，因为我们两国国庆相隔很近。德国还来了个德累斯顿乐队，跟我们合作演《贝九》。我们就先演了一次给他们听，在全国政协礼堂演的，他们在下面听，德国人不像俄国人那么豪爽，一般比较严谨，但这次他们的乐队沉不住气了，听完了把地板跺得直响，认为好得不得了！后来他们说："贝多芬用的《欢乐颂》，原来是席勒从中文翻译的啊！你们唱的中文我们完全理解，用中文演唱我们听了很亲切。《欢乐颂》一定是从中文翻译过来的。"感佩之情溢于言表。

王：合作演出是谁指挥的？

严：我们两个乐团一起演奏，合唱队是我们中国的，在人民大会堂演出。前三乐章是"东德"的蓬·嘎兹指挥，后一乐章是中国人指挥，前三乐章奏完，他将指挥棒交给我，就干起来了。德国人认为中国人能这么理解贝多芬，他们感到非常兴奋。

交响乐在中国

王：有咱们领导人去看吗？

严：陈毅等领导观看并接见了我们。在那个时候，中央乐团刚刚成立三年，当时演奏贝多芬标志着中央乐团有了一个扎实的起步，也是一个和谐的起步。客观地说，在中国首演《贝九》的不是我们中央乐团，20世纪30年代在上海的梅百器已经指挥过《贝九》了，在租界。当时全都是高鼻子洋人，那是为洋人服务了，请中国人去参加四重唱，但不是中国乐队，也不是中国指挥。后来国立音乐院在重庆和南京也演出过《贝九》，是金律声和陈洪先后指挥的，只演了第四乐章，把它低了个调，贝多芬是D调。他们用的是C调，当时的教育部副部长顾毓琇翻译的词。后来又演出过一个版本，是一个国文教员杨白桦翻译的词。如果说是完整、原调上去的，由中国人演奏、演唱并指挥的《贝九》，1959年这次在中国是首次。

王：您能大概介绍一下交响乐在中国发展的情况吗？

严：上海最早有管弦乐团，是租界里的工部局下设的乐队，抗日战争胜利了，就没有租界了，原工部局乐队就开始洋人、中国人都有了。后来就变成上海市的乐队了，所以那时中国最好的乐队还是在上海。另外，抗日战争时期重庆也有个乐队，叫作中华交响乐团，是马思聪搞的，1940年开始演出活动，举办星期音乐会。在新中国成立前，中国的知识分子就开始致力于介绍西方的音乐到中国来。

王：20世纪30年代是我国文学艺术发展的一个高峰，从历史的背景来看，是土地革命战争时期，但那个时期的文学、美术、电影、音乐、戏剧等都有很大的发展，是一个相对繁荣的时期。

严：从1927年蒋介石背叛革命到1937年抗日战争全面爆发，这一时期中国处在一个黑暗时期，因为政治上黑暗，所以这个时期中心城市交响乐的存在也被忽视了。新中国成立后，这一阶段音乐发展的历史不被认可，认为中国还在受苦，你们给孩子们演贝多芬、莫扎特，他们能懂吗？主要是从农村进城的人看东西比较窄一点。时间久了必须承认历史。中国的文艺不是从天上掉下来的，是前一辈做了很多工作的。现在好一点了，看问题不那么偏激了，以前不得了，甚至有人说中央乐团应从延安中央管弦乐团算起，还写了文章；这就不客观了，不要改造历史，要承认历史，有了历史，才有了后来的成就。

另外，当时树立的不是哪个人的权威，不是哪个人的名利，是集体的智慧。大家互相关切，每次排练都做记录。比如，严良堃哪个地方没有要求到，低音提琴不清楚等，现在看我的总谱上面都还记着呢！开声部部长会，这次排练怎么样，应该解决什么问题，精益求精，所以到后来演出完了以后，大家像过年一样快活。

王：有人评价说，20世纪50年代完成了中国交响乐从初创到成熟的转变，这样评价您同意吗？

严：至于我们有什么样的成绩，还是由别人来评说吧。

（原载《人民音乐》2009年第12期）

《黄河大合唱》在海外
——访严良堃

徐 冬

　　《黄河大合唱》问世已有半个多世纪了，经过半个世纪的漫长岁月，它仍光辉不减，蜚声于世。这首诞生于抗日战争烽火中的大合唱，以其独特的艺术魅力表现了黄河两岸人民英勇抗敌、保家卫国，不屈于侵略者的英雄气概；歌颂了在国家生死存亡的危急时刻，中华民族团结一心、抵御外敌的民族精神。这一折射着中华民族精神的宏大史诗，不仅在当年响遍华夏大地，鼓舞着抗日军民团结一致勇敢杀敌，而且在今天战火硝烟散尽的和平之日，仍然以自己的艺术生命力感染着海内外每一个有爱国之心的中国人。进入20世纪80年代以来，《黄河大合唱》以各种形式在海外上演，产生巨大反响。这一产生自半个多世纪前的音乐艺术作品，在今天仍然唤起海外侨胞的民族情感，产生强大的民族凝聚力，可见《黄河大合唱》艺术魅力之不朽。

　　在纪念抗日战争胜利50周年之际，我采访了严良堃先生，请他专门介绍了《黄河大合唱》在海外的演出情况。他说——

《黄河大合唱》1939 年问世，1940 年开始陆续在李凌主办的《新音乐》上发表，从此很多地方开始唱这首作品，使其迅速在大后方传播。而最早在海外演出的时间，大约是在抗战胜利之后的 1947 年，当时是由抗敌演剧队带到中国香港地区，以及马来西亚、新加坡等国的。1947 年，我也曾去香港指挥《黄河大合唱》的演出。另外，台湾在光复后也曾演出过《黄河大合唱》。这是抗战胜利以后《黄河大合唱》的演出情况。

　　进入 20 世纪 80 年代以后，我所知道的《黄河大合唱》第一次在海外的演出是 1983 年在多伦多，可以说这次活动是冲破了很多阻力，经历了一些麻烦才搞成的。组织《黄河大合唱》演出的发起人是从大陆去留学的黄安伦，他的同学、香港的陈永华和指挥赖德梧。他们组织了一个完全由中国大陆、香港、台湾的中国留学生组成的合唱团。当时大陆与台湾由于政治原因尚没有很多接触，而且台湾对《黄河大合唱》尚未解禁，使得大陆与台湾的学生都承受着很大的心理负担，处于一种既想参加，又担心这种接触会带来麻烦的心情，只有香港的学生很放松。这种情况给组织者的工作带来了不少困难。他们同双方的留学生说：我们只是在一起唱歌，而这部作品是歌颂我们中华民族的民族气节和民族精神的。就这样在民族精神的感召下，双方走到一起共唱一部作品。但在演出之前，台湾的学生仍遇到了一些麻烦，不过演出还是如期举行了。这恐怕是 1949 年以来中国大陆留学生与台湾留学生的第一次海外合作吧。

　　1986 年在美国旧金山，由当地歌剧院合唱队演出了一场《黄河大合唱》，合唱队与乐队皆是外国人，指挥是中国的姚学言。由于合唱队成员都是外国人，所以他们完全是用汉语拼音演唱的。在这前后，由朱崇懋指挥，美国纽约的"海韵合唱团"也在纽约演出了钢琴伴奏的《黄河大合唱》。需要提到的是，多伦多与旧金山演出的总谱都是由中央乐团为其提供的。

自 20 世纪 80 年代以来，《黄河大合唱》在海外的演出已经越来越多了，中央乐团合唱队也曾多次出访演出，每一次的演出都是成功的。这种成功不仅仅是音乐作品演绎的结果，也是包含着更深的民族情感和共鸣。

1983 年，中央乐团去新加坡演出，当时我们带了《黄河大合唱》及其他作品，为了节目内容丰富与变化，曲目是混着排的，《黄河大合唱》并非场场有，但令我们始料不及的是，观众都要求购买有《黄河大合唱》场次的票，买不到票的观众非常不满，并表示非听《黄河大合唱》不可。为了满足观众的要求，我们改变了原来的节目安排，每场都演唱《黄河大合唱》，并加演了一场《黄河大合唱》专场音乐会。

1979 年，中央乐团合唱队到菲律宾演出，也获得了很强烈的反响。

中央乐团合唱队演出的《黄河大合唱》在海外侨胞中引起了非常大的反响，在其巨大的艺术感召力下，来自不同地域的华夏同胞被包容在共同的民族情感中。而这种由音乐引起的情感冲击同样也震撼着台湾音乐界人士的心。他们积极奔走，以求能够使自 1949 年起就被列为禁唱之列的《黄河大合唱》早日解禁。

1993 年，我们中央乐团合唱队应纽约的一个民间团体（华侨同乡会）之邀去美国演出。接待我们的民间团体都是台湾人，所以他们非常谨慎，不愿与中国驻纽约的官方人士打交道。但在《黄河大合唱》音乐艺术的感染下，气氛变得融洽而友好了，他们邀请了中国驻纽约领事馆的张总领事参加了宴会，张总领事对我说："我们一向无法与他们接触，而你们办到了官方无法办到的事情。"在这次宴会上，张总领事对台湾的朋友说：

"只要有人敢与我握手,我的手始终是伸出来的。"这就是《黄河大合唱》的力量。演出的成功超出了音乐本身之外,音乐会成了当地华侨的一大盛事。

中央乐团合唱队 1993 年在美国的纽约、旧金山,加拿大的多伦多等城市演出,《黄河大合唱》还是观众最关心的曲目,海外的侨胞们要求乐团一定要演唱《黄河大合唱》。从爆满的音乐厅过道中增加的很多座位,就可以看到空前盛况之一斑。

1994 年,我应邀去旧金山客席指挥《黄河大合唱》,合唱队的成员来自各个行业,来自不同的同乡会,这些平时互不往来的中国人为了演唱《黄河大合唱》而非常自觉地会合到一起。这些业余队员对我说:"参加这次联合演出活动是我终生难忘的事情,我更难忘的五个字是'我是中国人'。"他们拉着我的手说:"希望你们再来,我们还要唱《黄河大合唱》。"这个时候你就会感到《黄河大合唱》所蕴含着的巨大艺术感染力。

《黄河大合唱》历经了半个多世纪的华夏沧桑巨变,在过去的历史中它激励中国人民抵抗日本侵略者,显示了中华民族不屈不挠的精神,在今天他仍能使不同地域的华夏同胞在他的感召力下,凝聚起一种民族精神。这正是《黄河大合唱》的不朽之处,这部蕴含着中华民族精神的音乐作品,将永存于中华民族的音乐宝库之中,永存于人民之中。

(原载《人民音乐》1995 年第 6 期)

《黄河大合唱》各版本的产生和流传

严　镝

1939年2月，26岁的诗人张光年（笔名光未然）和34岁的作曲家冼星海继上海、武汉等地的多次合作之后在延安再次合作，创作了《黄河大合唱》(简称《黄河》)。该作品的诞生，不仅在音乐界产生了巨大的影响，而且在中国抗击日本帝国主义和世界反法西斯战争中起到了不可估量的作用。词曲结合得相得益彰、水乳交融，成为中国合唱史上不可多得的一座里程碑。可以说，直至今日中国还没有哪部大型合唱超过《黄河》，这是当时词曲作者始料未及的，但历史却无可辩驳地证明了这一事实！

诗人眼中的中华民族就像黄河——母亲河一样，奔流不息、气壮山河；她的历史就是中国的历史，她见证了中国的发展、苦难、崛起及"山岳般壮烈"。诗人用通俗、易懂、激情迸发的诗句高度凝练了黄河，让她诗化、情感化、意象化；诗人放弃了自我，将这个渺小的自我融入革命的洪流之中，追求更新更美的境界。在诗中，诗人描写了中华民族的痛苦、屈辱、呻吟，讴歌了民族的觉醒、挣扎、怒吼和抗争；诗人向着全中国及全世界发出了战斗的警号；对战胜敌人、取得胜利充满信心，并预言了抗日战争的胜利。

曲作者的创作也是形象的高度概括，它丰富、完整，超越了一般合唱套曲的形式。在作品中，曲作者将代表祖国形象的黄河，用中西合璧的作曲技巧淋漓尽致地表现出来。在创作中，冼星海大量地使用中国民歌曲调和素材，但他并非直接使用，而是在采集民歌后，经过反复考虑、消化、融合后，使其成为自己的旋律，再将这些曲调奉献给中华民族。

从上可见，诗词和乐曲的创作是在中华民族这个大背景下产生的，是中华民族给予他们养分，但如果没有诗人提供的这么内涵丰富、骨力雄浑、意象宏伟、气势磅礴的诗词，也就不会有冼星海创意深厚的音乐作品，作曲家也就很难从中得到启发、受到感染，创作出如此具有深远意义的作品。同样，也是乐曲创作上的成功使诗人的诗如虎添翼，这二者相辅相成，才产生了如此伟大的作品。

《黄河》"发自人民群众的内心深处，表达中国人民百折不挠、同一切黑暗势力奋斗到底、争取自由解放的壮志豪情。人民喜爱它、敌人仇视它，并历来如此。人民受难，《黄河》与人民一同受难。人民抗争，《黄河》与人民共同抗争。人民解放，《黄河》与人民同获解放。《黄河》与人民同甘苦，共命运，这是《黄河》的光荣，是作曲家冼星海的光荣，而中国人民能够通过聂耳、冼星海以及许多聂耳式的、冼星海式的作曲家、音乐家表达自己强大的心声，这又是我们这个伟大民族、伟大人民引以自慰的"。[1]《黄河》是中华民族及人民的《黄河》，它已经成为中华民族的象征，它起到了团结各个阶层民众的作用，传播了中华民族精神，抚慰了海内外赤子之心。

---

[1] 张光年：《星海和我们共同奋斗——〈黄河大合唱〉1985年再版序言》，载黄叶绿编《黄河大合唱纵横谈》，新华出版社1999年版，第117页。

在《黄河》的传唱过程中，为了适应各种场合以及各种合唱队需要，她被人们适当地改编着，到目前有很多版本，我们就六个版本加以说明，它们是：原始的延安版本（简称"延安版"）；冼星海到苏联后重新整理、改编的版本（简称"莫斯科版"）；由李焕之根据延安版、莫斯科版改编的版本（简称"李版"）；由李焕之根据"李版"与"莫斯科版"改编的上海乐团演出版（简称"上海版"）；由严良堃牵头、中央乐团创作组集体改编的版本（简称"中央乐团版"）；由瞿维改编的版本（简称"瞿版"）。下面我们就这六个版本加以说明。

一、延安版

延安当时就是革命的象征、祖国的希望，是全国各地有志青年向往的中心。但是，由于条件艰苦，很多工作的开展非常困难。当时在那儿的人们创造出很多独特的用具，在音乐界也是如此。当时的乐队主要有两三把提琴，口琴是乐队中不可缺少的乐器，少量的民族乐器也成为乐队的重要成员。他们缺少低音乐器，就将煤油桶改造成低音二胡。没有打击乐，就用脸盆，将勺子放入搪瓷缸中等方法制造"打击乐器"。这些土造的乐器丰富了当时的音乐生活。合唱队就是由一些从各地来的学生、抗日救亡歌咏队的成员和少部分专业音乐工作者组成的，大多数人并未受过专业声乐甚至音乐的训练，只有满腔的热情，他们甚至连简谱都不认识，排练作品时还要一句一句地教唱。这是抗敌演剧三队的大致情况，那么其他演出队就更是可想而知了。冼星海就是在这种条件下进行创作的，他面对的是一些业余音乐工作者，因此他的写作要简单、通俗，能够让人们很快就上口，同时还要准确地塑造诗中的形象。他将伴奏写得恰到好处，可是他是在为一个所谓的"乐队"配器，他充分发挥了当时现有的各个乐器所长，互相配合、互补所短、中西合璧，创作出最佳的伴奏。

冼星海在创作《黄河》时，根本就没有什么报酬，他只是在劳动之余用六天的时间创作了整个套曲，甚至某些段落是三易其稿。这就是今天我们所看到的《黄河》最初版本。

关于将这个版本带出延安有多种说法：（1）由张光年于1940年只身带出延安；（2）由冼星海将乐谱寄发给当时在重庆的李凌，时间是1939年年底或1940年年初；（3）李凌的回忆文章《关于〈黄河大合唱〉的一些深刻印象》[1]中说，是由他于1939年后半年，将曲谱带出延安并带到了大后方的重庆。

总之，延安版的曲谱是由当时在延安的人带到了重庆，在李凌创办的《新音乐》杂志（该杂志受到了当时大后方音乐专家和广大音乐爱好者的欢迎）上分多次刊登出来，随着杂志的传播而传播。经常是买回一本杂志，连夜刻蜡版、印刷，第二天教唱，这首作品就成了宣传抗日的歌曲之一。当时在重庆的孩子剧团就是从这个渠道得到了乐谱。而且，是李凌组织人将《黄河》的简谱翻译成五线谱，后由其他人印刷出版。不仅如此，在国民党统治区内，各种单行本也被用不同的方式印刷发行。从此，《黄河》在大后方广泛传播开来，在前线、敌后传唱着。可见《黄河》是多么地深入人心。它取得的成功不仅仅是诗人和作曲家的，也是全中华民族的。

---

1 黄叶绿编：《黄河大合唱纵横谈》，新华出版社1999年版，第120页。

此后,"延安版"就在海内外流传开来,可以说是《黄河》最早的流行版本。它在国内主要传唱于川、贵等地,并且是由抗敌演剧队五、七、九队,孩子剧团,共产党领导的文艺团体或进步团体演出。现举几个有代表意义的演出,以兹证明。

1946年,为纪念冼星海逝世一周年,重庆青木关国立音乐院的师生们在重庆江苏同乡会礼堂举行了音乐会,在音乐会上演唱了《黄河》,由严良堃指挥,由钢琴伴奏,其中《黄河之水天上来》的钢琴伴奏是由黄国栋(青木关国立音乐院作曲学生)据冼星海其他音乐编排而成的。虽然在场内外随处可见特务的身影,但是演出非常成功,周恩来、叶剑英、邓颖超、李公朴等人观看了演出。演出结束后,全场的演员和观众在李公朴的带领和指挥下高唱着《救国军歌》,排着队伍离开了演出场地。

1945年年底,解放区纪念冼星海逝世的音乐会在石家庄举行,由华北文工团与抗敌剧社演出,李焕之指挥,诗人萧三、艾青等参加了演出;之后半年中还曾演出过两场。

这个版本在演唱的过程中,也不断有人对其加工、修改,修改者主要是那些来自延安,曾经与冼星海一同工作过的音乐家。为了在演唱上取得更佳的效果,他们将《黄水谣》的"自从鬼子来"部分加上了男声,成为四部合唱,这样不仅增加了和声效果,也更表现了对敌人的愤恨。但是,由于当时条件所限,解放区和国民党统治区的各个合唱队(团)在演出该作品的时候,均省略了《黄河之水天上来》部分。虽然冼星海在最初的版本中写了简单的伴奏,但由于各个团体(主要是抗敌宣传队和演剧队)没有这个条件,朗诵部分也就不使用伴奏了。另外,由于当时的政治环境需要鼓舞广大民众的反抗士气,同时也难于找到合适的演唱者,《黄河怨》也几乎是不演唱的。

这个版本不仅在当时的中国国内演唱，很多合唱团还将这个作品带到了海外演唱。有人说1940年，刘良模将《黄河》曲谱带到了美国。1941年，纽约附近的一所大学用英文演唱了《黄河》，并且出版了被翻译成英文歌词的乐谱。1949年，在加拿大多伦多玛希音乐厅演出了《黄河》，美国著名黑人歌唱家保罗·罗伯逊演唱了《黄河颂》，演出乐谱上有宋庆龄的亲笔题赠。

二、莫斯科版

1940年，冼星海受中共中央委派，赴苏联为纪录片《延安与八路军》配乐并研究苏联音乐。此时，冼星海已经患有严重的肺病，派他到苏联也是为了让他能够在那边得到较好的治疗。但由于希特勒发动了对苏的侵略战争，冼星海辗转到了阿拉木图，本想通过蒙古边境回国，而此时的边界已被封锁，他只得再次辗转回到了苏联的哈萨克斯坦，并在此度过了最后两年清贫艰难却颇有成果的时光。

也正是在此时，冼星海将在延安时写作的《黄河》加以整理、补充，成为"莫斯科版"。这个版本采用了三管制的大型交响乐队伴奏，在终曲的最后采用了6支圆号、12支小号和12支长号，而且在这个版本中，冼星海加入了《序曲》，使原来八个乐章的《黄河》成为九个乐章。

在《序曲》中，冼星海使用了各个乐章中的众多乐思，提示了后面各个乐章中的音乐主题。《序曲》仅在"莫斯科版"和"李版"中使用过。对《黄河船夫曲》《黄河颂》，作曲家并未做太多的改动。《黄河之水天上来》在"延安版"中仅仅使用了三弦，而在"莫斯科版"中则将三弦的旋律改写为乐队配器。可想而知，冼星海在延安，是受到了当时条件的限制，当时只有三弦供他使用，因此在这个乐章中三弦成为主要伴奏乐器。而到了苏联，他又与他曾经在法国听到和熟悉的大交响乐队不期而遇，他的创作思维也就自然转到了大交响乐队的配器上了。《黄水谣》在"莫斯科版"中是一个女声二部合唱，这种形式的合唱远不如当初冼星海在延安时候的混声合唱来得有分量。《河边对口曲》的前奏中，用木琴代替了三弦，这多少丢失了土色土香的民族味。《黄河怨》的改动是最大的。作曲家希望将音乐写得更丰富、多样，因此在旋律上使用了大量的花腔手法，而且在歌曲的后半部分频繁使用高音，多次改变调性，前后缺乏呼应。虽然，这个独唱适应了西方的合唱套曲（Cantata）形式中咏叹调的形式，但是与《黄河》中所要表现的一个农村妇女的形象似乎不大符合。《保卫黄河》《怒吼吧，黄河》的改动并不是很大，只是后者在女声二部合唱后，新添了一个二部男声合唱，可能是忘记了临时调号，使得该曲音调上不大协调。

  这个版本是为庄严、盛大场面和专业团体演唱，并要由特大型的乐队演奏而写的鸿篇巨制（这多少受到了瓦格纳、马勒配器的影响）。但当时苏联正处在卫国战争时期，经济困乏、政治上内外交困、文化氛围缺失，而且冼星海身在异乡又重病缠身，为了能够生存，他与当地一对母女生活在一起，勉强解决了温饱。这些都使他难以慢工细笔进行写作，更何况冼星海以动笔快著称。另外，他身边只有一把小提琴，总谱完成后，根本就没有哪个乐队或合唱队为他提供实际音响试奏，因此他也就没有机会对总谱进行修改和润色。这些都造成该版本的不足，无论从和声织体、调性安排及配器上，都出现了诸多缺陷，因此要进入排练、演出，就必须对该版本进行修改。可以说，在苏联由苏联人演出该版本时，就未完全按照冼星海的修改演出，在国内则从未演出过。这不是苏联、中国的音乐团体演奏水平不够,而是冼星海的这个版本的缺陷所致。这些也不能够就说冼星海的水平低下,而说明当时环境因素和冼星海在病中进行创作的原因,他当时不太可能有这么大的精力对这个版本进行修改和听取演奏者们的建议。反之,如果冼星海有现在这个条件,加之冼星海是一个乐于接受建议的作曲家,他可以不断修改—试奏—再修改—再试奏……那样,《黄河》会更完善。

苏联解体之前,苏联的音乐家们每逢冼星海去世五周年、十周年的纪念日都要演出《黄河》,以示对冼星海的纪念和对中国的友好,而他们使用的就是这个版本。20世纪50年代,中国派出了大量的留学生到苏联学习,以及中国音乐家们与世界音乐家们互相学习、友好交往(当时李焕之就曾经带队到过苏联演出过"李版"的《黄河》),还有很多的中国音乐家到了苏联,这些都不可能不影响到"莫斯科版"。在1957年10月,苏联主办的"中苏友好旬"音乐会上,中国的留学生就在苏联排练、演出了《黄河》,由李德伦指挥,郭淑珍担任女高音独唱,严良堃任艺术指导。可以想见,他们当时就已将"延安版"和"李版"的部分精髓传达过去了,多少也会对"莫斯科版"进行一些修改。

这个版本据孟波回忆:"1946年秋,延安中央党校文工室主任李伯超同志要我和金紫光(当时我任延安中央党校文工室支部书记和中央管弦乐团指导员,金紫光是乐团副团长)一同去杨家岭,找中央办公厅主任邓洁同志,邓洁同志取出一只皮箱,告诉我们这是刚从南京由军调处执行部的美国飞机带来的,里面装的是冼星海的作品和手稿。这次是由苏联驻华大使馆交给中央驻南京(梅园新村)办事处转来的,你们要好好保管。……""皮箱拿回中央党校后,我们打开一看,里面装满了冼星海的各种手稿,当时我们曾逐件登记。主要有：在苏联重新修订的《黄河大合唱》总谱……""1947年初，国民党准备进攻延安，飞机经常来轰炸，这只装有冼星海手稿的皮箱加封后，与中央管弦乐团的乐器随中央党校的文件一同运到安塞后山的一个山沟打埋伏。""之后，这只皮箱就不断地被转移，从延安过黄河、临县三合镇，经离石、汾西、翻霍山等地到达河南，又到河北石家庄，北京解放后，冼星海手稿由华北人民文工团带到北京，交中央音乐学院保管。"后由中央音乐学院音乐工作团出版了影印版。[1]

三、李版

早在延安，李焕之就已经是冼星海的学生和同志，他们有过多次合作，《黄河》就是一次很好的合作。当冼星海写出《黄河》时，乐队的排练就是由李焕之担任的。其间他们有过切磋、探讨和修改，因此李焕之是非常熟悉冼星海的创作方式的。这也就是后来出现"李版"的缘由。1940年，冼星海离开延安后，再演出《黄河》时，就是由李焕之担任指挥的。

为了更好地演出《黄河》，1941年至1942年李焕之与瞿维就为该作品编写了新的钢琴伴奏曲谱，1944年又为该作品编写了小型管弦乐队（钢琴）谱。1949年1月北平和平解放，新中国的各项准备工作在紧锣密鼓中进行着，各种联合会相继成立，中国的音乐界也将成立中华全国文学艺术界联合会。在这个成立大会上，要上演《黄河》，但缺乏一个好的、合适的乐队伴

---

[1] 参见孟波《冼星海手稿送回国内的有关情况》，《人民音乐》2005年第8期。

奏谱。也正是在此时，冼星海在苏联创作的大量作品被运到了北京，其中就有"莫斯科版"的《黄河》。李焕之在参考了"莫斯科版"、保留了"延安版"的合理性后改编出了"李版"。当时为了中华全国文学艺术界联合会的成立，演出《黄河》时，还特别成立了一个小组，由李焕之、任虹、张非、李德伦、严良堃、姚锦新等组成，他们对《黄河》进行了修改。此次修改方案在李焕之后来的文章中可见一斑：

> 我整理时特别注意这几个方面：（一）新版的前奏与乐曲中间的过门不能随意改掉；（二）着重作曲家在和声配器上的独创性；（三）如果中间过门有的可能效果不够好或者过长，也可以按照延安版本的原样，适当加以修订；（四）在配器方面有的低音过重或和声混浊影响其合唱或独唱的情绪时，也可以适当地减轻其和声低音；（五）有的配器织体中铜管乐器用得太突出而妨碍了整体协调感的部分也可以删去或改用木管代之；（六）在调性布局上，如有音域过高以至难于演唱的部分可适当移调，以能发挥歌声的有效表现力为准则；（七）有的一时看不准其效果上是否动听的部分可暂不用，仍以延安版本为基础。[1]

该版本主要在"莫斯科版"的基础上加以改编，将和声织体及声部组合做了或多或少的增删，在调性布局上做了适当的调整，甚至改写。《序曲》

---

[1] 李焕之《我与〈黄河〉的不解之缘——缅怀恩师冼星海暨〈黄河大合唱〉辉煌的60年》，载黄叶绿编《黄河大合唱纵横谈》，新华出版社1999年版，第98—99页。

的乐队配制上删去了低音黑管和低音大管声部，对木管的和声织体做了适当的调整和删节。《黄河船夫曲》器乐部分在"莫斯科版"上未做太多的修改，而合唱部分基本使用了"延安版"，即将船夫号子中原有的三连音改成了前十六分音符和八分音符。《黄河颂》在朗诵部分（前奏）中，为了使音乐紧凑删去了几小节，在伴奏部分没有用"莫斯科版"中的圆号，而是使用了弦乐。《黄河之水天上来》在"延安版"中，只用了一个三弦作为伴奏乐器，朗诵是比较自由的，只是在三弦谱子上写了朗诵词，并未规定朗诵的速度和节奏。"三弦的调子里，除了黄河的波浪澎湃声外，还有两个调子蕴藏着：一个是《满江红》，另一个是《义勇军进行曲》。但只有一点，而没用全曲。"[1]而在他的"莫斯科版"中，则使用了管弦乐队伴奏，保留了其中旋律。"李版"中也就保留了"莫斯科版"的主要因素，但有一定的删节，从而使音乐短于朗诵，这样也就难于表达当初冼星海音乐中的内涵。《黄水谣》改变了"延安版"和"莫斯科版"中的调性，使用了降E调。"莫斯科版"中，为了增加对比只采用了女声二部合唱。李焕之考虑到后面要表现"同仇敌忾"的情绪，而使用了混声合唱，并且重新配器。《河边对口曲》基本上沿用了"延安版"。《黄河怨》保留了"莫斯科版"中的女声伴唱，只是在声部上进行了微调。《保卫黄河》仍然使用三部混声合唱和轮唱。《怒吼吧，黄河》中基本上使用的还是"延安版"和"莫斯科版"，只是在复调中女声二部后加了男声二部合唱。

这个版本是20世纪五六十年代国内众多合唱团使用的版本，总政歌舞

---

[1] 冼星海：《我怎样写〈黄河〉》，载黄叶绿编《黄河大合唱纵横谈》，新华出版社1999年版，第4页。

团于 1955 年使用这个版本录制成唱片并拍摄成电影留了下来,指挥是时乐濛。还可以说,当年中国留学生在苏联演出的版本或多或少也是受到了这个版本的影响。

1985 年,为了出版《冼星海全集》,李焕之对原有的版本进行了改编,然后出版发行。

四、上海版

1987 年,李焕之根据"李版"和"莫斯科版"修订、改编出了这个版本,仅由上海乐团演出过一次,全部顺序和段落与"莫斯科版"相同。

五、中央乐团版[1]

"中央乐团版"是在 20 世纪六七十年代成熟的版本。由于当时的特殊历史条件,《黄河》成为"留曲不留词"的音乐作品。在中央乐团创作组的多次改词后,无法将词曲合并得像原作品一样天衣无缝,也就在此时,产生了《黄河》(钢琴协奏曲)。可以说,这是腰斩了《黄河》,但却在那样的历史条件下使得《黄河》的精髓得以流传,也使得世界人民知道中国还有这么好的作品。当年周恩来总理听了《黄河》(钢琴协奏曲)之后说星海又复活了。可见该作品在当时所起到的作用还是非常大的。当时的创作

---

[1] 以下按严镝 2005 年 9 月 15 日采访严良堃的记录整理。

班子由殷承宗、盛礼洪、刘庄、石叔诚等人组成，在这个班子里，殷承宗、石叔诚是优秀的钢琴家，而盛礼洪在他们中间是非常优秀的配器人才。因此，这个班子可以说是搭配得最完善的一个创作小组。他们吸收和借鉴了国内外钢琴作品中很多优秀成果，发挥了钢琴的特殊音色和特点，将西欧的作曲技巧与中国的曲调融合在了一起，它是中国钢琴史上的里程碑，是中国钢琴经典协奏曲中的上乘作品。它的出现，多少也影响到后来"中央乐团版"的改编。

早在20世纪50年代，李德伦、严良堃就曾经参与《黄河》的修订。1956年中央乐团成立，他们演出时使用的版本是在"李版"的基础上稍加整理而成的；1960年和1965年演出时使用的版本也是在"李版"的基础上更改而成的，但只是局部的变更，在和声上进行了梳理。这应该算是"中央乐团版"最早的版本。而且在1965年左右，严良堃就提出"用全国音乐界所有的力量对《黄河大合唱》进行修订，不要像'战国七雄'一样，各自搞一个版本，而应该整理出一个好的版本"的建议，但未被采纳。到了"文化大革命"时期，这件事情也就搁浅了。

"文化大革命"中，只有八大"样板戏"出现在中国的文艺舞台上，形成了"八亿人民，八个戏"的现象。为了改变这一状况，文艺界出现了很多用历史歌曲重新填词的作品。也是在此时，有人提出应该唱《黄河》。但是，江青的爪牙仍然对词作者进行着批判。他们的主要依据就是《黄水谣》中的"男女老少喜洋洋"，并认为在那种历史时期，人民是不可能"喜洋洋"的。因此，这个词就是投降主义路线。当时的逻辑是：词是王明投降路线的词，而曲是在毛主席革命路线下的好曲。因此，就要对词进行重新修改。

1975年，为了纪念人民音乐家聂耳、冼星海，冼星海的生前战友、妻子钱韵玲给中央领导写了一封信，请求使用原词重新演唱《黄河》。这封信被转到了中央后，很快就有了回答：可以用原词演出。为了赶在10月演出，文化部调用了所有当时北京音乐界最好的演员和最好的乐队、合唱队。演出是非常成功的，而且在当时引起了极大的轰动。可以说，这是一次冲破"四人帮"文化封锁的演出。

"中央乐团版"就是在这种情况下产生的。为了当时的演出，由严良堃牵头，组织了当时中央乐团创作组的成员田丰、施万春、陈兆勋等人对原有的版本进行了修订。他们保持了"延安版"的框架、"莫斯科版"的主要乐思，对乐队的编制进行了适当的调整，并且重新进行了配器，当然也不同程度地采用了《黄河》（钢琴协奏曲）中一些配乐。

据陈兆勋的回忆："严老为什么组织我们三个人——施万春、田丰和我——着手整理《黄河》是有其历史和现实原因的。严老早于1940年，17岁时就指挥当时的孩子剧团公演了星海这一巨作。他对这部作品的各个细节都有着深刻的理解。星海之能有此巨作，主要深受光未然的《黄河》词作的激励，在当时1939年极其艰苦的环境下，仅花了六天时间就完成了整个合唱谱，在当时仅有的条件下，乐队只有二十多件乐器的配合下，在延安首演了这部作品。星海在1940年就去了苏联，在他去世前完成了《黄河》的管弦乐总谱，从他总谱（了解）到整个配器及乐队组合来看，气势雄伟非凡。说明他的总体构思是有意将作品创作成合唱交响化的意图的，可能有多种原因，故没有看到这总谱的演出记录，后来于（20世纪）50年代，李焕之先生曾将总谱整理过两次，这些整理稿严老和我们都参考过，但都觉得不易演奏。另外，中央乐团于1969年创作了《黄河》（钢琴协奏曲），这首作品在当时确实有很大的影响。但实际上，这首作品并没有完全表现《黄河》的全部精神。主要是根据上头的留曲去词的指示，因为可以说，没有光未然的词就没有星海的《黄河》产生。为了在新的历史时期再将《黄河》精神重新发扬，严老通过领导的允许，于大概是1975年组织我们再根据星海原作及李焕之的整理稿，弄出一个适合中央乐团演唱的整理稿。"（陈兆勋与严镝短信内容）

"中央乐团版"为了使音乐一开始就有惊心动魄之感，去掉了《序曲》。在《黄河船夫曲》中去除了一些烦琐、效果不尽如人意、堆砌的和声与配器；音型上还是保留了冼星海最早的形式，改变了一些过高的音符，使得业余合唱团也可以演唱。

《黄河颂》基本上以"延安版"为主，未做太多的修改。

《黄河之水天上来》在1975年的演出中并未使用。由于这段朗诵过长，战争时期为了宣传的需要，也往往将这段省略，就是新中国成立后也未演出这段。后在张光年一再的要求下，1987年纪念卢沟桥事变50周年的演出上才恢复了《黄河》全本的演出，也就是说在这次演出中，才将《黄河之水天上来》又重新加入《黄河》之中，使《黄河》恢复了八个乐章。它的配器主要由施万春完成，在多次与朗诵者瞿弦和（中国煤矿文工团）、琵琶演奏者张强（中央音乐学院）探讨、磨合、试奏后，才定下现在的配器方案。它的主要框架还是"延安版"，只是在不同程度上对它的配器加以丰富。"延安版"的伴奏部分只使用了三弦，而"中央乐团版"改用琵琶为主要伴奏乐器。严良堃认为，当时延安如果有琵琶，冼星海是会使用琵琶的。因为琵琶的表现力和技巧要大大超过三弦。因此，"中央乐团版"中使用了琵琶。在这个朗诵中他们改变了"莫斯科版"中使用的拨弦、装饰音手法，而使用了交响乐队配器，形成一种浩大的声势，烘托出诗中的气氛。

《黄水谣》在"延安版"中只是齐唱,"莫斯科版"使用了二部女声合唱,在"李版"中加入了男声合唱,成为一个混声合唱。"中央乐团版"沿用了"李版",使用了混声合唱。

　　《河边对口曲》的改变相对很少,据陈兆勋回忆:"《河边对口曲》由于原曲具代表性,我只将弦乐部分配置了一下,加上大小三弦及民族打击乐,尽量使该乐章清新简练。"(陈兆勋与严镝短信内容)

　　《黄河怨》在"莫斯科版"中多次转调,而"中央乐团版"只使用了一个调性,两个八度,这样更能表现诗和原来音乐中的形象,也使音乐更加完整。据陈兆勋回忆:"我在着手《黄河怨》(的配器)时,想起多年来给独唱伴奏的印象所得,参考了多首外国有名(著名)的咏叹调配置,尽量让独唱部分的线条清晰,配器上强调了背景陪衬的作用。"(陈兆勋与严镝短信内容)虽然在演唱上有一些难度,但只要受过专业训练的演员都可以演唱。[1] "中央乐团版"中还去除了"莫斯科版"中的女声伴唱,严良堃认为有乐队的烘托就可以了,加女声伴唱没必要,反而会影响独唱的效果。

　　《保卫黄河》在"莫斯科版"中使用了四部轮唱,严良堃认为:这样就会使得演唱的人员越来越少,到最后就造不成一种宏大的声势了。据陈兆勋回忆:"在《保卫黄河》这一重点乐章中,严老为了加强热烈的效果,要我在中间加插了一段乐队全奏再引出合唱齐唱的高潮,在第一段轮唱段,为了旋律线条清晰明显,将原作四部轮唱改为最多三部轮唱,这样效果的确好了

---

[1] 郭淑珍在1975年《黄河》的演出中,演唱了《黄河怨》,由于她扎实的功底和对作品的深入理解,使她演唱的《黄河怨》成为全国乃至全世界演唱这首作品的样板。

很多。"（陈兆勋与严镝短信内容）因此，他们仅使用三部轮唱，第四部轮唱由乐队演奏一遍。合唱与乐队全体最后使用主调织体演奏，达成万众一心的效果。虽然是重复，但是方法不同，效果也就不同了。

《怒吼吧，黄河》的最后"向着全世界劳动的人民发出战斗的警号"，在"延安版"中反复了三次；在"莫斯科版"中反复了五次，并使用了转调（大小调交替）。"中央乐团版"反复了四次，也使用了大小调交替的转调手法，而且丰富了和声、配器效果。

总之，这个版本是在演出实践中不断完善、丰富的，在多次修改后才成为现在的版本。对这个版本的修改和整理，严良堃做了很多的工作。他们在修改过程中遵循的原则是：（一）梳理"延安版"和"莫斯科版"中不合理的和声、奇怪的音符，将其合理化。（二）丰富所有合唱、乐队部分的和声、配器，以适应当前合唱队与乐队编制的需要。（三）将声部交错的地方理顺，特别是合唱部分。

这个版本的问世，很快就得到了音乐界的认可。虽然，上海乐团使用修改了的"上海版"演出了一场，但是后来他们再演出《黄河》时，也使用"中央乐团版"了。而且，中央乐团和上海乐团在海外录制的唱片都成了"金唱片"[1]。在"四人帮"倒台后，这个版本的演出率极高，现在几乎所有国内演出团体都使用这个版本，中国香港、中国台湾地区，以及美国、加拿大、东南亚等地的合唱团和乐队演出《黄河》时，也使用这个版本，而很少有人使用其他的版本。这是因为所有使用过这个版本的演出团体都

---

[1] 宝丽金公司录制的唱片在销售到一万盘后，就会被评为"金唱片"。

普遍认为这是一个合理的版本，效果好，表现力丰富；乐队的演奏员演奏的时候感觉非常顺手。人们在听了这个版本后，总会使老人流泪，年轻人激动、热血沸腾。它起到了言语难以表达的内容和意义，它有强大的凝聚力，团结了各派人士，让中华民族的子孙感到作为中国人的自豪，增强了中国人的自信心。

但这个版本也有些人认为它有很大的局限性，因为它是在"四人帮"时期产生的版本。但严良堃认为，这个版本是冲破了"四人帮"的桎梏，集众人之长而产生的版本。而且它还被改编成民乐队总谱、钢琴谱、双钢琴谱，非常适合各种形式的演出需要。陈兆勋说道："我们觉得中央乐团这一方案是为了更好地发扬星海的黄河精神。我们在严老的领导下进行修改整理，绝对不是篡改。"（陈兆勋与严镝短信内容）1985年，《冼星海全集》由广东高等教育出版社出版，该版本的总谱得到周巍峙、时乐濛、程云的关心和支持并被收录其中，还印刷了200本单行本总谱无偿地赠送给国内外需要演出《黄河》的文艺团体和指挥们。时至今日，由于各种原因，该版本的单行本还未能够出版发行。相信，不久我们会看到这个版本的单行本的。

六、瞿版

瞿维早在延安时期就与冼星海一同学习、工作，他是比较熟悉冼星海音乐的音乐家。而且，他在延安时期就已经对"延安版"进行过修改，还为"延安版"写过伴奏。因此，他再次修改、整理《黄河》也是必然的。20世纪70年代左右，他参加中央乐团编写管弦乐《白毛女》组曲的创作小组时，就了解了修改《黄河》歌词和改编《黄河》（钢琴协奏曲）的全过程。这对他日后修改《黄河》会有一定的影响。

在他的版本中，使用的是简谱，而且只用钢琴伴奏。虽然钢琴伴奏部分的和声构思丰富，但毕竟使用的是一架钢琴，也就单调了些。所有的合唱部分大都遵循的是"延安版"，《黄水谣》中的女声合唱沿用了"莫斯科版"，而且加上了轮唱，这与后面的《怒吼吧，黄河》有雷同的地方，会使人在后面听到轮唱时，没有新鲜感。其中省略了《黄河之水天上来》，并且所有的朗诵并未使用伴奏。这个版本从未被演出过。

以上是收录在《冼星海全集》中五个及一个单行本的版本的特点和大概使用情况。冼星海的《黄河》从创作伊始，就在使用中不断被修改，特别是他对"延安版"，是不满足的，因此才有他到了苏联后的修改。在他病重之时、生命的最后时刻，他还在修改。虽然那时候他已经力不从心，但是他还想使《黄河》更完善。因此，可以说，修改、完善《黄河》是冼星海的心愿，也是必要的，同时也是历史变化要求的。严良堃认为修改《黄河》：

（一）是应该的，也是必要的。"延安版"是简单的，甚至可以说是简陋的，因为当时没有一个像样的乐队，因此也就不可能写出一个合理的乐队配器来。（二）修改、完善《黄河》是为了广大群众对这个作品的喜爱的需要，也是历史时代的要求。（三）冼星海的作品还有待于他自己完善、改编、整理。正是由于他不满足才有了"莫斯科版"的产生，他没有完成这一使命，那么就留待后人来完成了。因此，也就有了其他版本的产生。（四）对《黄河》的修改、整理是为了保护冼星海，也是出于对喜爱冼星海音乐的群众负责,更是为了更好地推广、宣传革命传统的需要。[1]

相信《黄河大合唱》的修改、完善还将进行,也必将取得更好的结果。

(原载《中国音乐学》2005年第4期)

---

[1] 严镝:《严良堃采访记录》,2005年。

严良堃关于《毛泽东诗词五首》合唱套曲的讲解

邓文欢整理

用毛泽东诗词创作合唱套曲放在现在是一件寻常的事情，但是在"文化大革命"时期，尤其是1975年之前，这件事情还比较难得。郑律成、田丰是在1975年以前，用创作毛泽东诗词合唱套曲的仅有的两个人。

因为众所周知的原因，"文化大革命"时期样板戏是艺术创作中的主流，其他都十分不受重视，甚至受到压制。当初郑律成把毛泽东37首诗词都谱了曲，送到中南海首长手里，首长交给样板团，样板团表示这些不能算是正经艺术。但还是选择一组，编为《长征路上》，就是人们所熟知的《七律·长征》《清平乐·六盘山》《忆秦娥·娄山关》《念奴娇·昆仑》和《十六字令三首·山》。

尽管如此，但依然没有人去唱。到了1973年之后，整个文艺创作环境中除了样板戏就没有其他作品，在这种背景下，田丰大胆选择创作《毛泽东诗词五首》合唱套曲。于会泳虽然在政治派别上属于"四人帮"，但是他的艺术鉴赏能力依然不俗，也认可这五首合唱的艺术质量，默许了创作。田丰创作完成后，拿到中央乐团去演唱，五首合唱却被中央乐团否了。中央乐团认为五首合唱与样板戏唱对台戏，对五首合唱进行了一定程度的批判。

在那个时代，艺术创作受到革命运动的影响颇深，那时合唱只能唱《沙家浜》。哪怕是已经传唱几十年的《黄河大合唱》也被要求改过歌词。原词"张老三，我问你，你的家乡在哪里？"改为"指导员，我问你，前线有啥好消息？"，这种"歪风"最终被周总理纠正。

因此，《毛泽东诗词五首》的创作以及后续的实际演唱是在比较艰难的政治环境中完成的。但是这一组创作的艺术成分很高，艺术表现手法比较丰富，不同于当时那种单一的"冲锋式"的艺术形式，给当时的艺术界注入了一股新风，打开了大家的眼界。

艺术创作与艺术演出往往是相辅相成的。在演唱田丰的五首诗词时，大家普遍觉得第五首与第二首在风格上有些雷同，都是进行曲。而且，第五首作为最后一曲，用进行曲压不住。再加上郑律成的《忆秦娥·娄山关》《清平乐·六盘山》和《十六字令三首·山》很不错，尤其是《十六字令三首·山》。因此在后续演出中，"乐团"采用田丰的前四段和郑律成的《十六字令三首·山》，组成《毛泽东诗词五首》。

一、《沁园春·雪》

艺术作品的最终成功不仅仅需要创作者的心血，同样需要演奏者的参与。过去的创作模式是：乐队排练，发现不合适的地方，反馈给创作者，创作者再进行修改，乐队再演奏，如此反复最终达到一个比较完美的演出效果。所以优秀的艺术作品往往是在大家的实践过程中产生的。作为后来者，更应该珍惜现在宽松的创作环境，决不能为了"稿费"去创作，要对艺术创作充满崇敬感和敬畏感。

《沁园春·雪》的创作就是这样一个过程。这首合唱开头是男中音（Baritone）领唱，加上合唱、乐队，元素堆积感比较严重。因此，在排练过程中我们和作曲家田丰进行了反复的磨合修改，最终选择了更好的方式，使演出效果达到最佳。比如第72小节开始，本来很浓，乐队重复Solo，然后弦乐重复合唱队，又有竖琴等，这样就显得多余。我们认为，既然这首歌后面有很高昂的东西，开头又是史诗性的，这里就应该显得庄重些，浓淡适中，演奏出来的效果会比较出色。当然，在具体的演唱中需要掌握以下一些要点。

《沁园春·雪》受样板戏的影响较深，用了一些戏曲的音调，交响变化受到戏曲的影响。这首歌引子不长，只有三十多小节，其作用是烘托气氛，引出作品后续的意味。

开篇"北国风光"是男中音演唱，最高音是G。高音G的演唱需要演唱者具备较高的水平，否则很难达到完美的演出效果。尤其是"万里雪飘"时，达到G后还要拉长，对于演唱者来说难度颇大。那个时候唱这首歌比较好的有两个人：刘秉义和黎信昌。黎信昌风格比较规整，刘秉义的风格稍微热情一点。他们两个人在唱高音G时很轻松就可以上去。需要注意，"北国风光，千里冰封，万里雪飘"是散板、叫板，在不自由的框架下要表现得稍微自由一些，但也不能太自由，不能像打着拍子那样唱，该舒展的地方就要舒展一点。"飘"字能唱多长就唱多长。

前面一句叫作叫板，那么"望长城内外"这句就是上板。"望"字的一拍等于后面的两个四分音符。因为上板的特点比较流畅，因此在唱"欲与天公试比高"的时候可以舒缓一些。一流畅、一舒缓，两者形成一个对比，更加有跌宕起伏的感觉。前面比较有气派，这里就需要旖旎浪漫几分。

"须晴日"这句，在过去的唱法中比较复杂，既有乐队重复独唱的曲调，又有弦乐要重复合唱的哼鸣。现在这里做了改变，主要有三个层次：独唱、合唱的哼鸣、竖琴琶音的伴奏。在演唱的时候，演唱者应该发挥自己的想象力，想象这个地方有一个纱帐，冬日太阳为数不多的红光照映在山上的白雪上，也让白雪染上了一层薄薄的红。整个景色都显得非常清淡，就好像在纱帐后面。因此，这里虽然是"Baritone"，但应采用抒情男高音或者是抒情女高音的方法进行演唱。紧接着"看红装素裹，分外妖娆"这一段不能唱得太响，要唱得抒情一些。

到了第86小节，第一段唱完。这一段讲的是自然风景，既有雄伟的，又有旖旎的，两种对比。在独唱的时候，演唱时需要舒展开的地方一定要放开，不能太过拘谨。

第一段之后有个过渡，合唱队唱"啊"，然后转折，一个新鲜的东西突然异峰突起，正如柳暗花明又一村。"江山如此多娇"这是下一段的叫板。随后引出"引无数英雄竞折腰"，这一句需要比前面唱得快一些，稍微往前抢，如果与前句速度唱得一样会略显平淡。在专业术语中，这叫渐慢、还原，放在京戏里叫猴皮筋。

第102小节的间奏作用是承接"江山如此多娇"的气氛，然后数板。"惜秦皇汉武"的"惜"字，两拍等于后面的一拍，伴奏脱胎自京剧伴奏。在乐队里我们不用京胡，用的是琵琶和单簧管。但是这段伴奏可以让它稍微有一些京胡的味道，使整句唱腔更具韵味。

在演唱这一段时，应该避免"开斗争大会、开批判大会"。这段本质上既包含批判又包含赞扬。秦皇、汉武作为中国历史上比较有成就的帝王，对中华文明的发展做出了一定贡献,因此在演唱时应该包含一点崇敬之情。但是在诗词的意境中,他们又属于封建落后的代表,他们的"文采"在革命家的眼中"不值一提",他们的作为"反动"落后,应该受到革命的批判。因此,在演唱时,演唱者应该站在历史高度,对"秦皇汉武"进行继承式的批判,含蓄的批判。

"俱往矣"这句转到结尾,和前面"北国风光"相呼应。在演唱时,应该把握欲慢先快、欲快先慢的特点,形成对比。就好像我们想要向前走,最好先后退一步,再往前走才特别有劲。因为"数风流人物,还看今朝"要快点,所以在"俱往矣"这个地方稍微慢一点。"数"字等于后面的一小节的时值,这样演唱更有气势。后面三拍转后面的二拍应把握三比二的转折。

二、《渔家傲·反第一次大"围剿"》

在演唱《渔家傲·反第一次大"围剿"》时,最应该把握的要点有两个:第一个是不要敌我不分。"万木霜天红烂漫"写的是我们,"二十万军重入赣"写的是敌人,因此在演唱时要有区分度,不能将两句唱得一样。第二个是到了第二阕(第110小节前一拍)的时候女声容易慢。因为这里演唱者会呼吸,呼吸的时候就容易变慢,因此指挥在这里应该带动一下,重点把握曲子活跃、前进、生动的气氛。正如于会泳说过的一句话:"这个曲子用不着鼓励人家鼓掌,自然会鼓掌的。"

除以上需要掌握的两个关键点外。在进行到"万木霜天红烂漫"的时候,指挥也不能用大动作,要用手腕的动作。动作越小,大家越容易看清。另外,指挥应该在全体合唱进来的时候打合拍,不要有太多的肩膀动作。

关于敌我不分的问题还应该注意。"万木霜天红烂漫"不要唱断奏（staccato），也不要唱连奏（legato），而是要唱得不连不断（non legato）。由于刚开始演唱时，我们已经习惯了语录歌的唱法，所以都是"冲锋号"的唱法，当时并不能很轻松地转过来，合唱队的水平也没有那么高。第57小节"前头捉了张辉瓒"这一句大家应该表现出高兴，这里的 p（弱）就是这样来的，指挥到这一段眼睛都要笑。这些小细节的处理在当时是新鲜的、合理的艺术。"二十万军重入赣"的男低音演唱应该注意方法，可以用连奏演唱来表示形势的紧迫。"二十万军重入赣"表示敌人已经是第二次"围剿"，到了"唤起工农千百万"才是友。

三、《忆秦娥·娄山关》

正如前文所说的我们那时候的创作方式，《忆秦娥·娄山关》的赋格段（"雄关漫道真如铁，而今迈步从头越"）创作也经历了一番"波折"。作曲家田丰开始创作得比较混乱，声部间太靠色，让人觉得衔接不好。后来经过反复的磨合修改，渐渐地形成了现在的女中音、低音（Alto）开始，然后是男高音（Tenor）、男低音（Bass），最后是女高音（Soprano）的方式。

很多学生在演唱这首歌曲时，往往会误以为"娄山关战斗"的感觉是波澜壮阔的。其实不然。作为演唱者，我们需要准确把握当时的历史背景。在开始长征前以及长征初期，我党和我军的情况比较紧急。第五次反"围剿"，王明遥控、李德指挥，作战死板教条，不知变通，在薄弱的根据地和强大的敌人打阵地战、消耗战，根据地的建设基本被国民党反动派破坏殆尽，致使中央红军不得不开始战略转移，被迫长征。在长征初期由于军队还是由博古、李德指挥，打了很多消耗战，渡过湘江后，中央红军从长征出发时的 8.6 万多人减员到 3 万多人，中国革命的种子几乎就要消失了。

因此，从长征开始一直到娄山关，词作者的心情是压抑的。虽然革命的信心没有消失，但是革命的力量却很虚弱。词作者时刻在思考怎么样能够渡过难关。正因为经历了长征前期悔恨、悲痛的经历，词的前半阕才映照过去惨痛的教训；后半阕则表达出我们虽然十分虚弱，但是大家依然"埋葬同志们的尸体，擦干身上的血迹，从地上爬起来继续前进"才有"雄关漫道真如铁"一句。

所以这首词在情绪上是大起大落的，在演唱的时候也应该用比较夸张的强音或者弱音的强烈对比，强很强，弱也很弱。"霜晨月"很轻，"马蹄声碎"很强，突然强，突然弱，用强烈的对比来塑造当时悲痛、悔恨的心情。

第二段饱含前进的坚定信念，尽管此时并没有完全胜利，前途依然未卜。虽然敌强我弱，但是词作者写出了埋在内心深处的火焰和坚定的信念，"雄关漫道真如铁，而今迈步从头越"从"Alto"唱起，唱得很轻，唱到男高音，男高音最容易神气，这时要告诉他们，"你们是第三女低音"，到了"Bass"是第四女低音，完了再慢慢地强起来，就是说开始前进了。到女高音出来的时候，心里开朗起来。"苍山如海，残阳如血"想象将来的胜利，不是眼前的。

在唱上运用女低音和男高音唱同样的高度，一个是"长空雁叫"，这叫作"绵里藏针"。还有一个是后面的"残阳如血"也是女低音和男高音一起唱，虽然很纤弱，但里面有一种刚强的意志。这里主要是男高音的音色，但是男高音的音色不能响，所以用女低音的音色把它包住，这叫"绵里藏针"。"长空雁叫""残阳如血"两个地方就应该这样表现。因为当时的历史环境就是如此，虽然娄山关取得胜利，但是党和军队的整体前景依然不明朗，战略形势依然很严峻，革命队伍依然处于敌人的追击、包围中。所以在演唱时要在纤弱的声音中注入刚强的意志。

开头的引子主要是把后面要唱的东西在乐队中先表现出来。在演奏时，第八小节不能慢，应该保持漫步、中等速度的进行曲，确保和后面的"雄关漫道真如铁"的速度一样。

"西风烈"后面的"回原速"（A tempo）不要放在第 51 小节，而是在第 50 小节的最后一拍，这样就显得更加紧凑。现在很多演奏者在表演时总是突然起来，这是一种毫无道理的表现形式，因此在演奏时我们需要规避。"西风"有换气，第二个音要"保持"（Tenuto），不要跳，否则缺乏那种沉痛的感觉，显得有些浅薄。"长空"却不能换气，应该表现得更加辽阔。"长空雁叫霜晨月"好像没有换气，用什么办法呢？在这里可以用女低音（Alto）唱到"叫"字，等到男高音（Tenor）的"霜"字出来后才能收住，显得"气冲牛斗"。

第 75 小节和第 76 小节之间和前面一样，不要重新起速度，唱到第 75 小节的时候就应该想到"霜晨月"的速度，从而维持住音乐表演的规整。这是一种严谨的、规整的学院式的表演方式，即任何地方的表演都是有讲究的，唱到前面想到后面，并不是唱到哪儿想到哪儿，随意发挥。

在演奏时，钢琴需要注意，第 99 小节开始时是两个小节一个和弦，不要把每小节弹一个和弦。总共三个和弦，占 5 个小节。

第 110 小节的速度应该和"雄关漫道真如铁"的速度一致。前面的引子要引出它的音乐来，怎么引？需要注意两点：一要引出它的情绪，二要引出它的速度。如果前面引子慢，再重新起速度，表现效果会变差。这样的音乐就非常合仄，就好像机械的电路，一丝一毫都是规定好的，不是随随便便就能改变的。

"雄关漫道真如铁，而今迈步从头越"是从女低音开始的。需注意，在演唱时第一个是要唱轻，不能唱响；第二个是要唱"非连奏"（non legato），棱角都要非常清楚。男高音就是第二女低音，第三次是男低音，虽然谱子上写的是"mf"，但我们还是唱的"p"，因为第一次唱是一个声部，第二次是两个声部，第三次音量已经比较雄伟。在第 135 小节的时候有一个小渐强，是为了女高音（Soprano）的两个八度的齐唱引出来，后面就意气风发。"苍山如海"的速度就是前面"霜晨月"的速度，我们叫作前后呼应，这也叫严谨，速度并不是随便的，前后的结构也十分讲究。

"苍山如海"不要太响，"残阳如血"（第 177 小节）三个声部的阿卡贝拉（A Cappella），我们在练好的时候可以不要乐队，乐队容易抢合唱队的音色，而且意境一转，也很容易破坏意境。男高音到了 ♭B 的时候，其他声部都收掉。这跟谱子不一样，是指挥干的，先渐强，再渐弱，最好是不要换气，找几个第一男高音飙在上面接力。"血"字不知不觉地进来，其他声部在这里再进，这样就能更好地引起听众的共鸣。

四、清平乐·六盘山

《清平乐·六盘山》中有句名言："不到长城非好汉。"这句就透露出一种开朗的感觉。和《忆秦娥·娄山关》不一样，长征队伍到了六盘山，胜利的曙光就在眼前，词作者的心情自然十分开朗。

"何时缚住苍龙"，表达了既然蒋介石反动派无法站在革命队伍中，那么革命者就该"拿着长矛去打败反动派",所以这个地方就比较明朗,在演奏时我们要显得又明朗又开阔。

这里同样蕴含戏曲的味道,"天高云淡"的进入要掌握住火候,要很生动。在演奏时,尤其是前奏,我们应该借鉴京剧中"猴皮筋"的用法,吸收民族表演艺术的精华,然后将这些优秀的内容与我们的渐慢(rit.)、回原速(A tempo)融合起来,从而创作出更好的作品。

因为,"不到长城非好汉"和"雄关漫道真如铁"的情绪太不一样,《清平乐·六盘山》完全是理直气壮地说话。

到了四二拍是进行曲,基本上是一小节打一拍。需要注意,虽然这里是进行曲,但不能当进行曲用,要表现出十分自信、意气风发的感觉。最后唱完,应该停止合唱,交给独唱,"今日长缨在手,何时缚住苍龙",需要稍微卖弄一下。这一段的指挥一定要帅,指挥的动作越小越好,如果指挥的动作太大,合唱队看指挥就没有那么仔细,很容易和指挥抢拍子。

五、《十六字令三首·山》

《十六字令三首·山》是郑律成谱曲的。因为郑律成的特殊经历,我们需要对他个人进行必要了解。郑律成,国际主义战士,中国共产党党员,朝鲜族人,出生于光州,即现在韩国光州。清朝末年,日本全面入侵朝鲜半岛,14岁的郑律成和一批流亡者来到中国。在抗日战争时期,郑律成在上海积极投身抗日战争,到处宣传抗日。但由于蒋介石消极抗日,郑律成便从上海来到延安。在延安时,郑律成在训练红军干部的军事学校任教员,后来又到鲁艺任音乐教员,教授声乐。郑律成个人是淡泊名利的,很多和他同时期的文艺工作者都担任了各种职务，唯独郑律成什么职务都没有。尽管如此，他依然醉心创作。"文化大革命"时期，郑律成也没有盲目跟风运动，而是埋头创作，写有《长征路上》，将毛主席的 37 首诗词全都谱了曲。创作完成后，郑律成将作品上交，但是并没有引起重视。

郑律成的作品有着一个共同的特点：看起来很平淡，但有可塑性。比如说他的《忆秦娥·娄山关》，曲调有极强的可塑性。这首作品在他这几首作品当中是比较活跃的，速度上基本上没有什么变化，一共九遍。虽然这种作品，在速度上并没有什么明显变化，但是听众很容易能够感受到作品中的韵味，越听越有味道。这也从侧面证明了，郑律成有着出色的音乐才能。

尤其是郑律成创作的毛主席的《十六字令》。一阕只有十六个字，一共有三阕，共四十八个字，共唱九遍，很了不起。《十六字令》结构基本上差不多，只是稍微有所差别，并且郑律成创作的曲调也很不一般化，唱"奔腾急"时有女高音反映说："这个急字我们最怕唱了，你非要把这个急字唱成高音。"郑律成却说："你们唱习惯就好了。"总之，《十六字令》的手法很通俗，却很生动。

演唱《十六字令》时需要注意几个问题。第一个就是速度问题，一定要掌握好，一开始就要想快，稍微慢了就无法精准表现作品的意味。演唱者在开始之前应该准确把握"快马加鞭未下鞍"这一句的速度，从而确定整首作品的速度。

第二个就是层次问题。演唱这首歌时，起初不需要用太大劲，把劲放在后头。前面虽然要求要唱得生动，但不一定要唱得很响。男高音独唱时，合唱比男高音还要轻一些，这样演唱就有劲，不要压过独唱。人多才远，会给听众一种感觉：远处好多人都过来了。假如唱响，压过独唱，听众只能感觉到面前这十几个人，缺少一种广阔感。俗话说，"四两拨千斤"，不用傻劲，唱得虽轻反而会觉得广阔。到了第三次的轮唱就无须计较，你压过我，我压过你，因为这些曲调大家已经十分熟悉，什么词大家也都知道，所以后面大家基本保持平均的速度、平均的力度，谁也不让，就争一个热闹。这个热闹争完之后，事不过三，到了第三的时候又要让一下，这叫作跌宕。正所谓"欲进先退"，要过沟如果跳不过去，先退两步就跳过去了，这也是一种艺术表现手法。

引子第一次是小号强奏，第二次是圆号弱奏，表示远方，意思是我的队伍还在远处，这里用轻声表示音乐的广度。

男高音声部进来的时候，乐谱上写的是"mf"，我们用"pp"，到"奔腾急"稍微出来一点点。需注意，郑律成写的所有的力度符号，我们演唱时都要低两挡。男低音进来的时候也要轻，越轻越有厚度。然后是女低音和女高音，她们可以稍亮一点。第三遍男声便可以放开唱，声部第一次进来的时候，特别是男声开始进来的时候，一定让他们 p，后面结尾的时候可以稍微出来一点。

"我们的血管是黄河的支流"
——严良堃谈新中国早期合唱艺术的国际交流

叶 飞

记得记者很小的时候，曾和父亲一起看电影《东方红》。父亲指着电视屏幕说，看，那是指挥严良堃，冼星海的学生。记忆中，那个镜头是从下往上仰拍的，细细的指挥棒在舞台的强灯下幻化成一朵朵银花……多么高大、神奇的一位指挥！

因文化部"新中国文化交流早期记忆"项目，记者得以采访这位已是88岁高龄的指挥大师。老人没有想象中那么高大，身高不到一米七，但却精神矍铄，妙语连珠。从他的一言一行中，能感受到一种恬淡乐观的心境、一种从未消弭的激情，这是一笔来自灵魂深处的财富。

一、《黄河大合唱》"专业户"抚时感今

严良堃说，他经历了三次战争考验：抗日战争、解放战争和抗美援朝战争；上了两所音乐学院：青木关国立音乐院和莫斯科柴科夫斯基音乐学院。在他看来，自己在艺术上取得的成就是人民和党赐予的。自己成才了，心里

只想着一件事，就是还艺于人民，尽全力为人民服务。严良堃打趣道："前不久梦见去见周总理了，周总理说，你为人民服务的任务还没有完成呐！来这里干啥，快回去！我就又回来了。"如今，严良堃参与讲学、演出、指导业余团体等活动从来不计报酬。

严良堃笑称自己是《黄河大合唱》"专业户"，这辈子已经指挥了不下千场《黄河大合唱》。对于这一点，无论是业内人士还是媒体记者都是了然于心的：冼星海用6天时间创作出了《黄河大合唱》的最初版本。严良堃从17岁开始指挥《黄河大合唱》，即便81岁那年做了心脏搭桥手术，康复后他立马再度拿起了指挥棒，指挥的仍然是《黄河大合唱》。可以说，《黄河大合唱》成就了严良堃的指挥生涯，严良堃则令《黄河大合唱》的歌声响彻了祖国大江南北乃至海外各地。不过，他从没有因对作品的稔熟而激情消退。对他来说，《黄河大合唱》绝不仅仅是一个普通的合唱作品，而是他60余年来的艺术生命体验，是他心中不死的冼星海。

严良堃说，冼星海十分敬仰苏联音乐，并与普罗科菲耶夫、哈恰图良、格利埃尔等苏联作曲家交往、学习。"冼星海在苏联创作了第二交响曲《神圣之战》等一批国际主义题材的音乐作品。可以说，苏联革命音乐对中国音乐事业具有历史性贡献。"后来，严良堃也于1954年赴苏联深造，成为柴科夫斯基音乐学院指挥系研究生，主修交响乐及合唱指挥，师从尼·阿诺索夫、符·索可洛夫二位苏联音乐家。尼·阿诺索夫非常爱惜人才，而且一直对中国人民特别是对他曾教过的中国学生怀有深厚的感情。不管政治局势有何种变化，他都毫无保留、全心全意地教学，他的教学方式和人生态度都让严良堃受益匪浅。课余时间，严良堃抓住一切机会，观看了欧洲古典的、近代的、民间的各种不同风格的合唱团的演出，眼界大为开阔，了解了世界合唱艺术的水平。

那时候，从新中国的音乐学校和演出团体中选拔出来的一批艺术人才大多在莫斯科学习过，除严良堃外，还有吴祖强、杜鸣心、朱践耳、李德伦、郭淑珍，之后还有郑小瑛、盛中国、林耀基、殷承宗等50多位。后来，这些留苏学生学成回国，成为中国音乐事业的栋梁。

二、《黄河大合唱》在海外流传

莫斯科柴科夫斯基音乐厅于1957年演出俄文版《黄河大合唱》，对严良堃来说意义非凡。"当时正逢苏中友好年活动，我、李德伦和郭淑珍都在莫斯科念书。那天，郭淑珍唱的是《黄河怨》一段，李德伦担任指挥，我是艺术顾问。郭淑珍唱中文，苏联合唱团唱俄文。有意思的是，俄语演唱时将'黄'字分成'hu'和'ang'两个音节发出。那个时候，我们感觉很骄傲——过去是我们用中文唱外国歌曲，这次是他们用俄文唱中国歌曲。"

严良堃提到，《黄河大合唱》在新中国成立之前便在海外流传开了。有一说最早是指挥家刘良模于1940年把《黄河大合唱》的乐谱带到美国，第二年，纽约附近一所大学的合唱团就用英语演出了《黄河大合唱》。1942年春节时，在缅甸曼德勒云南会馆，由词作者光未然担任总领队的"缅甸华侨战工队"连续3天演出《黄河大合唱》，在眉谬、西保、腊戍等缅甸主要城镇巡回演出。1945年10月24日，联合国正式成立庆祝会上，美国黑人歌王保罗·罗伯逊用英语演唱《黄河大合唱》中的《黄河颂》，当时的乐谱是由宋庆龄提供的。

后来，《黄河大合唱》渐渐在海外流传开来。严良堃于1979年率中央合唱团赴菲律宾参加第一届国际合唱节演出以来，已在海外指挥了不下400场，演出地点包括日本、澳大利亚、美国、加拿大等数十个国家。"有时在国外演出《黄河大合唱》时，观众的情绪比国内观众还激动。"严良堃说，"《黄河大合唱》在不同的时期、不同的背景下演出，由不同的演出组合演出，或是面对不同的对象演出，都能产生激动人心的效应，这就是一部杰出的民族音乐篇章的伟大力量。"他说，有一次，在马来西亚演出，刚演完就下起了瓢泼大雨，大家都走不了，台下的观众就跟台上的演员互相拉歌，一位诗人即兴写了两句话："《黄河大合唱》唱出了人们的心声，我们的血管是黄河的支流。"

三、新中国首演《贝九》

谈起过去岁月中最令严良堃激动的演出和音乐作品，除了《黄河大合唱》，还有被称为世界交响乐、合唱艺术高峰的贝多芬的《第九"合唱"交响曲》(简称《贝九》)。

新中国首次演出《贝九》，就是由严良堃指挥中央乐团演出的。那是在1959年，新中国成立十周年，演出是中央乐团准备的国庆三大献礼演出之一，另两大献礼是李德伦指挥肖斯塔科维奇的《第十一交响曲》和罗忠镕创作的《第一交响曲》。严良堃回忆说，当时，乐队成员的个人技术水平还很有限，又刚刚下乡劳动锻炼回来，很多地方一开始演奏起来十分吃力，合唱部分唱得也不到位。但是，"那时人们的热情和干劲非常高，大家集体攻关，互相帮助，一起分析技术问题，不光分声部练，还跨声部组成弦乐四重奏、管乐五重奏来练习，结果演出时大家唱得漂亮极了"。

中央乐团成功演出了《贝九》，大家就像过节一样。这件事情仿佛宣告了一个时代的到来。之后，全国各地许多乐团都开始演《贝九》，中央乐团的合唱队不时地被"借"给这些乐团演出。后来，就连外国指挥也被吸引来指挥《贝九》，例如东德莱比锡交响乐团就曾来中国，与中央乐团的乐队和合唱队联合演出，他们的指挥蓬·嘎兹指挥前三个乐章，然后将指挥棒郑重地交给了严良堃，由他来指挥最后的合唱乐章。演出后，这位德国朋友兴奋地说，中文《贝九》和德文一样好听，"席勒的诗仿佛是从中文翻译过去的一般"。许多没有机会指挥《贝九》的外国指挥闻讯赶来。1961年，苏联的权威指挥家尼·阿诺索夫，也就是严良堃和李德伦的老师也来了——在苏联，他手下没有乐队，所以从来没有机会指挥《贝九》，这次他可过了把瘾。就连小泽征尔也曾于20世纪80年代来中国指挥了《贝九》，一遍下来，没挑出什么毛病，又将第四乐章从头到尾连着来了一遍。严良堃笑着说："感觉中国当时成了世界各国指挥家练习指挥《贝九》的试验田。"

其实，除了《黄河大合唱》和《贝九》，严良堃还指挥过许多中外合唱名作。不过，这位谦虚的指挥大师却始终称自己是个"打拍子的"，"这并不是我个人的成就，而是《黄河大合唱》等音乐所蕴含的内在精神和感染力让大家为之感动"。

"上台不要卖弄，不要表现音乐之外的东西。"这是冼星海对严良堃说过的话，严良堃一生都在认真地践行冼星海的这一要求。他从不有意表现自我和音乐内容之外的东西，而是在真诚地塑造音乐的同时不知不觉地塑造了自己。这大概就是严良堃的音乐和指挥风采使人着迷和长久回味的缘故吧。

（原载《中国文化报》2011年4月12日第4版）

严良堃的指挥思想及其贡献

石一冰

2016年8月的三伏天，我来到女中音歌唱家李克的家中采访当年原中央乐团排练《贝九》的情况，从她激动的叙述中，仿佛当年在严良堃指挥棒下排练、演出的场景就在我眼前似的。访谈中我突然有所顿悟，大家一直称道的艺术家的高尚人格、高超的艺术修养和严谨风格等等这些，在总结严老的合唱指挥思想方面大多泛泛而谈，我认为严良堃指挥思想的核心就在于他善于把握和优化"合唱思维"。

2008年，我在博士学位论文答辩的现场，严老曾经对"合唱思维"这一概念给我"上了一课"，他认为"合唱思维表达的是人声组合的美，包括平衡与不平衡、协和与不协和、声部个性与共性的对立统一，它还受到文学基础的制约"。实际上沿着严老给的路径，合唱思维可以相当地细化，它可以分为合唱创作思维与合唱指挥思维。

合唱创作思维包括两个层面：

第一，精神层面。合唱由于受到歌词的制约，具有语义性和具象性的特征，作曲家对歌词文化内涵挖掘、体验，产生情感及思考，并对生活中的语言音调加以选择、概括、提炼，经过作曲家智慧的凝练与逻辑思维的组织，构成音乐结构及音响形式，使其声音结构超越感性的经验成为精神的载体，形成现实世界与精神世界的对照。

第二，技术层面。它是作曲家将作曲理论与人声相结合，并以乐谱为中介，借助人声或人声和乐器的结合，实现其精神层面构建的具体实施手段。它包括音响基本要素层面的人声音区、力度、速度和音色等音响基本组织层面的和声、复调、调性布局、曲式结构等，音响特性层面的声部安排、词曲结合、人声与器乐的结合等。

合唱指挥思维就是指挥家在深入掌握合唱创作思维的基础上，通过对作品恰当的"解读"、创造性地进行合唱训练和演出，科学阐释和进一步优化合唱创作思维的逻辑活动。

以此来探讨指挥家的知识结构的话，不难厘清，合唱创作思维要求指挥家具备坚实的文史和作曲技术理论修养；合唱指挥思维则要求在前者的基础上，通过严谨、规范、富于情感的指挥样式来训练合唱团，使之能达到、优化作曲家所要求的效果。两者是一度创作和二度创作之间的关系，前者是后者的基础，后者对前者有能动作用，并且随着时代的前进，两者也会有相应的变化，应该说它们都具备开放性。可见，优秀的合唱指挥家必须是站在时代的巅峰、深入掌握和优化合唱思维的人，严老就是这样的指挥大师。分析他的合唱指挥思想必然牵扯到他的学术历程和艺术实践，从这两点来看，严老的艺术经历堪称世纪传奇。

严良堃先生是在抗战的浪潮中走上的指挥台，是特殊的战争年代造就了严良堃，使他从少年时代起就拥有不断实践的舞台，为他的指挥生涯开启了良好的开端。严良堃先生在留苏回国后的几十年一直担任中央乐团的合唱指挥，他坚持不懈地学习、积累和不断地进行舞台实践从而使他的指挥艺术达到了高峰。

一、严良堃合唱思维的形成

严良堃先生善于"博采众长""偷师学艺"。他的指挥老师按先后顺序有冼星海（留学法国）、吴伯超（留学比利时）、苏联的符·索可洛夫和尼·阿诺索夫，基本上涉猎了欧美、苏俄两大指挥体系（当然以苏俄体系为主）。除此之外，严良堃的悟性极好，他善于观察别人的指挥，揣摩别人的优点并学习，甚至他十几岁在孩子剧团学习时观看电影，看到的世界著名指挥家斯托科夫斯基的指挥镜头都让他有所顿悟——"原来指挥不仅是打拍子，指挥的动作还有大有小，有轻有重呢"。以至杨鸿年教授曾笑说："只要有人经过严良堃面前，他就能从他身上偷学到些东西。"[1]

在梳理严良堃指挥艺术思想的形成过程中，我们不难发现他受到四位老师的直接影响。据严良堃所说，他的"指挥的基本业务要领是冼星海、吴伯超教的"[2]，而其对合唱思维的深刻掌控能力是在苏联留学期间形成的，其指挥思想也是在此时初步形成，并在后来的指挥实践中不断趋于成熟。

（一）当指挥"不要在音乐之外卖弄功夫"

作为严良堃学习指挥的启蒙老师，冼星海不仅从基本的指挥技巧开始教

1　刘明媛：《严良堃合唱指挥艺术研究》，硕士学位论文，广西艺术学院，2012年。
2　严良堃：《我指挥〈黄河〉50年》，《音乐世界》1997年第1期。

起,更重要的是,他告诉严良堃:"作为一个指挥,应当掌握非常过硬的基本技巧,对所需要的每一项基本功都要练到家。但一定要记住,在舞台上演出时,不要把所有的'能耐'都用上,要根据音乐的需要,该用的才用,不要在音乐之外卖弄功夫。"[1]这句话对严良堃一生影响至深。

(二)动作既要规范也要"激情"

在进入重庆青木关国立音乐院后,吴伯超作为严良堃的第二位指挥老师,他将自己在欧洲留学时师从德国指挥大师赫尔曼·舍尔兴严谨的指挥风格传授给了严良堃。吴伯超的"指挥课程比较精练,用的是外国带回的原文教材,除了可以学到一些指挥知识,还可以巩固原来所学配器法的成果,并可以增进总谱读法的实践,以及增加音乐实践的机会和提高音乐表演的能力"。[2]吴伯超的指挥基本功训练方法规整、严谨,用固定唱名法,对节奏、速度的要求非常严格,其拍式准确而新颖,严良堃曾谈道:"我只上了一个学期的指挥课,但这些规整严谨的基本功训练方法,却使我终身受益,成为我一生从艺所追求和遵守的艺术作风。"[3]"我跟他也学了不少的知识,开阔了眼界。"[4]但要认为吴伯超仅有严谨、没有激情那就错了。他指挥自己的合唱作品《中国人》的时候"一改交响乐指挥时的规整矜持,变得激情满怀、坚强刚毅、气冲斗牛,将对祖国的忠诚和对民众的热爱全部融入音乐表现中,尤其是最后一句'抗战之旗正高举,拂试大刀上前去',特别有感染力和煽

---

1 严良堃:《我与〈黄河〉60年:答黄叶绿同志问》,《人民音乐》2005年第8期。
2 严良堃:《回忆伯超师二三事》,载《吴伯超的音乐生涯》,中央音乐学院出版社2004年版,第155页。
3 严良堃:《回忆伯超师二三事》,载《吴伯超的音乐生涯》,中央音乐学院出版社2004年版,第155页。
4 严良堃:《回忆伯超师二三事》,载《吴伯超的音乐生涯》,中央音乐学院出版社2004年版,第155页。

动力，把我们青年学子的爱国热情全部激发出来，使我们一片赤诚的报国心得到了莫大的鼓舞。像这种发自内心的激情同样也伴随了我全部的指挥生涯"。留苏学习期间，一位苏联老师曾告诉严良堃说："有两种指挥学派，一是规范，二是激情。前者注重准确、严谨。这一派我喜欢。艺术的表现应是恰到好处，据说德国人每次演奏经典作品时一分钟不差，甚至一秒钟也不差。要达到这样的标准必须要有一个科学的头脑和刻苦的锻炼。当然音乐的表演不只是在乐曲的速度方面，还要达到其他方面的准确，这都是苦练出来的。后者注重感情投入……你不能忘记你的身后还有听众，你必须带领演员去激发听众的感情，并引起他们的共鸣，我也喜欢这一派。"[1]

可见，从吴伯超先生到苏联教师都认为，在指挥艺术中严谨和情感并不是矛盾的，而是对立统一的，这种学术思想必然影响着严良堃指挥艺术思想的形成。

（三）严谨是苏俄指挥学派的精髓，也是掌控合唱思维的核心

苏俄指挥学派（当然包括合唱指挥）以严谨著称，20世纪五六十年代留苏学习指挥艺术的人都深有体会。这一点在莫斯科国家交响乐团的指挥维克多·巴甫洛维奇·杜勃洛夫斯基来北京访问、训练乐队时，我方专业人员即有了深刻的体会。杜勃洛夫斯基说："指挥只有听到他已经背出的声部，才能真正地指挥这些声部，才能发现某些声部所发生的错误和不够满意的地方。"[2]并且他总是"从不放过任何细节，无论是分句上的问题，节奏上的问

---

1 严良堃：《我与〈黄河〉60年：答黄叶绿同志问》，《人民音乐》2005年第8期。
2 张宁和：《卓越的苏联指挥——杜勃洛夫斯基同志在我国》，《人民音乐》1955年第Z1期。

题；或是音量、音色相互倾听合作等问题；他随时令乐队停下，说明怎样不好，应该怎样改进，经常是由他唱出理想的演奏效果，同时以指挥的手势和面部表情表达出来"。[1]

苏俄指挥学派的特点在于——

第一，注重作品内容的研究。

第二，注重完整地、全面地、不脱离历史地表现作品内容。

第三，注重作品的戏剧性表现，对作品的矛盾冲突给予结合曲式的逻辑发展，给予深入挖掘。

第四，注重情感的发展线索和清晰的层次感觉；情感深度和幅度方面的张力大，高潮的处理淋漓尽致。

第五，突出旋律的歌唱性，因此动作要求规范、清晰，拍点清楚、线条流畅，反对多余动作，不要"花架子"。[2]

对于苏俄指挥学派相知最深的就是当年留苏学习指挥的李德伦、黄晓同、严良堃、韩中杰、郑小瑛等人。1954年，严良堃赴苏联深造，是柴科夫斯基音乐学院指挥系研究生，主修合唱及交响乐指挥，师从符·索可洛夫及尼·阿诺索夫（师从尼·阿诺索夫学习了总谱读法及交响乐指挥法，他的毕业作品是柴科夫斯基《第四交响曲》）。严良堃说："符·索可洛夫对我要求很严格，他说，指挥的关键是做好音乐进行的准备工作，所以从某种意义上说，指挥的'工作岗位'就在预备拍上。因此，指挥时要精明准确。尼·阿诺索夫则告诉我，指挥时心中要有作品的全部曲谱，不要按小节来打

---

[1] 张宁和：《卓越的苏联指挥——杜勃洛夫斯基同志在我国》，《人民音乐》1955年第Z1期。
[2] 杨小丁：《黄晓同指挥艺术与教学思想探究》，《乐山师范学院学报》2007年第4期。

拍子，应根据音乐的整体结构来引导音乐的进行。"[1]

在留苏学习的几年内，无论在课堂学习、指挥实践还是艺术赏析中，严良堃都出色地掌握了苏俄指挥学派的精髓，为他全面地掌控合唱思维奠定了更坚实的基础，他的指挥艺术思想也初步形成。

（四）开放的视野、独特的风格

但要是认为严良堃仅仅对苏俄指挥学派亦步亦趋，那就错了。因为"俄罗斯指挥学派也有其自己的某些局限性，这主要是由于受制于当时国际冷战的影响，基本割断了与西方世界的联系，缺乏像当代的欧美指挥学派那样的开阔视野和国际性的交流，因此在指挥个人风格上相对单一，缺乏具有独特指挥语言的指挥家，在创新意识的追求上不如欧美学派那么强烈"[2]。对此，严良堃当然洞若观火，因为严良堃很清楚地知道中国合唱指挥需要什么——需要新鲜的学术营养、新作品，他也清楚地知道如何与世界合唱接轨，当然这一切都需要在特定时代的许可范围内。

20世纪70年代，一些西方交响乐团开始访华，例如仅70年代就有一些世界著名乐团访华演出——伦敦爱乐乐团（指挥约翰·普理查德爵士）、维也纳爱乐乐团（指挥克劳迪奥·阿巴多、波斯科夫斯基）、费城交响乐团（指挥尤金·奥迪曼）、斯图加特室内乐团（指挥卡尔·明兴格尔）以及1979年的波士顿交响乐团（指挥小泽征尔）。音乐评论家卜大炜当年曾是北京京剧团（"样板团"）管弦乐队的演奏员，他观摩了上述演出，据他的

1　严良堃：《我指挥〈黄河〉50 年》，《音乐世界》1997 年第 1 期。
2　杨小丁：《黄晓同指挥艺术与教学思想探究》，《乐山师范学院学报》2007 年第 4 期。

回忆："在那个年代，国内的指挥都是挺直了身子指挥的……普理查德的肢体语言突然使我对这段音乐（指《贝七》）产生了一种新鲜的感受和理解，这种感觉听唱片是得不到的。我还是第一次看到指挥的腰居然也是可以动的。……阿巴多的力度变化幅度那么大，看起来是那么'煽情'……明兴格尔的处理与那些'本真运动'的加德纳、平诺克、诺林顿和哈农库特之辈相比，不仅是南辕北辙，简直是对巴赫、莫扎特的一种'叛逆'。"[1] 毫无疑问，作为指挥家的严良堃对此当然更加敏感、感触良多，他又一次"接通"了西方现代指挥的脉络，但"接通"不等于全部"接纳"，而是有所选择。

改革开放后，由于对外音乐文化交流渠道的畅通，严良堃有了更多观摩学习欧美当代指挥艺术的途径。在此情况下，他善于在原有的学术基础上，有选择地吸取现代西方指挥艺术的长处，而对西方某些极端化的风格样式（例如合唱领域的某些现象）持一定的保留态度（其实就是欧美的指挥也未必全都支持）。与此同时，他也善于从劳动生活的动作中提炼出指挥动作，并在指挥实践中运用，效果绝佳。

综合来看，他在七十多年的舞台实践中始终善于融会贯通欧美和苏俄两大指挥学派，始终坚持在严谨的基础上抓住机会（包括学习国内外同行），以开放的艺术理念进行着自己指挥艺术思想的不断更新、融合，这种轨迹在新时期伊始就已经年近花甲的严老身上依然清晰可见。正是严老多年在合唱指挥领域的不懈努力，使他的指挥艺术形成了一些特有的指挥语言和个人风格等合唱思维的外化形式，其指挥思想性强、细腻严谨、乐风含蓄抒情、动

---

1 卜大炜:《拾回的记忆——"非常年代"的古典音乐现场演出》,《音乐爱好者》2007年第1期。

作潇洒洗练，使合唱创作思维和合唱指挥思维高度融合，达到了"信、达、雅"的境界。

二、严良堃对中国合唱事业的贡献

严良堃对中国当代合唱指挥事业的贡献良多，主要的工作有二，其一在于他训练出了"中国合唱第一团"——中央乐团合唱队，并塑造了它的灵魂；其二在于他对中国合唱作品的影响。

20世纪50年代，我国当代指挥体系通过"走出去、请进来"的办法建立起来。"请进来"的专家有苏联的杜马舍夫、杜勃洛夫斯基和前东德的根特·希辙曼等人；"走出去"的有李德伦、黄晓同、韩中杰、严良堃、郑小瑛等六人。杜马舍夫侧重传播的是苏联侧重群众合唱的东西（例如业余合唱团的组织、训练），而严良堃学习的则是合唱指挥和交响乐指挥。因此，50年代后期严良堃等人回国后，一个相对完整的苏联指挥体系（当然包括合唱指挥）在短时间内已经搬到了国内。作为合唱指挥领域苏俄指挥学派的主要代表人物之一，严良堃在相当程度上影响了中国当代合唱指挥艺术的风格版图，即业内人士所说的"北严南马"（指严良堃先生代表的"东罗马体系"和马革顺先生代表的"西罗马体系"）。

作为合唱指挥大师，严老最主要的贡献在于塑造了中央乐团合唱队，使之在中国当代合唱领域中长时间"独领风骚"，并在几个重要的合唱历史节点起到了标杆、窗口作用，代表了中国合唱的国家队形象。此外，严良堃与作曲家（郑律成、瞿希贤、田丰、张文纲等人）一起，对一些作品中的合唱思维进行优化，使作品更富于光彩。严老的这种影响至今仍在散发着光与热。

（一）以合唱思维统领中央乐团合唱队的演训

1. 功课放在指挥前

人声就是长在人身上的乐器，合唱队的训练与乐队一样要分声部训练。据中央乐团女中音歌唱家李克回忆："当年排练时，严良堃在分声部排练时一般不会管具体合唱队员的训练，而是通过声部长（通常一个声部有两个声部长，整个合唱队共八个声部长）贯彻要求，包括准确读谱、音准、节奏、情感的一致性，甚至每一句的声韵、气口都有具体的要求。他要求一个合唱队员必须听清左右两侧人的声音，不能自顾自地唱，每个合唱队员都要做到有团队意识，声音上要'靠拢'，要高度可控，并且要养成眼睛始终看着指挥的习惯。每一个声部要发出什么样的音色严老都会有要求。"

严良堃善于发扬学术民主，在排练的时候"不树立个人威信，讲究集体智慧，所有作品都是干部们集体讨论，一起听排练，一起出主意；搞艺术民主，所有的声部长还在一起开会讨论，这次排练怎么样，下次排练怎么改进"[1]。严老对合唱队员要求严格，对自己要求更严格。每次排练新作品，严老都会下苦功夫研究乐谱，分析其中的合唱思维如何展开，并背下整部作品，因为指挥只有听到他已经背出的声部，才能真正地指挥这些声部，才能发现某些声部所发生的错误和不够满意的地方。

2. 合唱思维在排练中的运用

在分声部训练的基础上，进入合唱队排练阶段，正是指挥家施展合唱思维的最佳时机。正如前文所述，合唱思维内涵比较庞杂，如何在训练合唱队

---

[1] 王安访谈、贾伟整理：《首演"贝九"》，《人民音乐》2009 年第 12 期。

的过程中施展合唱思维就更难以用一小段文字说清楚，这里只能举两个小例——严老排练《黄河大合唱》《贝九》来"窥豹一斑"。

严良堃对《黄河大合唱》传播中的贡献最重要的是在具体排演上，他使作品发出更夺目的光彩。他就像一位建筑师，大到总体与局部结构的把握、情感布局的处理，小到声乐的呼吸、细致情感的表达，都做到了统筹兼顾，使作品的二度创作尽可能完美。例如1957年，莫斯科的交响乐团及国家合唱团合作在莫斯科用俄文演唱了莫斯科版的《黄河大合唱》，由李德伦负责乐队，严良堃负责这次合唱的排练与独唱者的艺术处理，郭淑珍演唱《黄河怨》一曲。严良堃建议郭淑珍"对作品的感情处理要有一个局——开始时要唱得非常压抑，要把声音控制住，气息要很长很匀。'风啊，你不要叫喊'以下这三句，每句都要用一口气很轻地唱出来，这样才能使前后形成强烈的对比，把后面悲愤的情绪充分发挥出来。……当年郭淑珍的演唱受到了高度的赞扬和广泛的接受，从艺术家到不识字的家庭妇女都被她的《黄河怨》感动得落泪"。[1]

《保卫黄河》虽不是整部作品的最高潮乐章，但是已经具有相当强的气势，处理得太强，会使后一乐章难以进行；处理得不强，又会失掉这个乐章应有的气势。严良堃对这一乐章的指挥手势的动作并不大，但他能让人在 p 力度感受到力量。例如在轮唱部分，李克说："严老对声部的主次要求相当清楚，该出来的一定要出来，该收回去的一定要收回去。"在"风在吼，马在叫"第一次呈现中，力度为 p，他要求合唱队员在"风"字要用好力量控

---

[1] 向延生：《歌曲〈黄河怨〉演唱的回望——兼忆郭淑珍教授唱〈黄河怨〉》，《歌唱世界》2015 年第 12 期。

制，发出的声音是"立起来"的，而唱"在吼"两字时马上要把声音"收住"，要让"自己听不见自己"，主要的角色要"让"给轮唱声部下一组的"风"字。在《怒吼吧，黄河》中，严良堃要求合唱队员用到横膈膜的力量，即便是齐唱，他也能让"怒吼吧黄河"中的"吼"字唱出有弹性的声音。可见，无论是独唱、齐唱、轮唱、赋格段，严良堃都能将作品的合唱创作思维幻化成合唱指挥思维，形成富于逻辑、严谨、生动的指挥手势，使合唱的色彩更加丰富、音乐形象更加生动。

排练《贝九》亦是如此。他上午训练合唱队，下午为从本团和全国各地遴选的两个领唱组排练，晚上还要补训白天不足的声部。他对领唱组的训练相当细腻，比如"谁能做个忠实朋友献出高贵友谊"一句，第一次突出女中音，女高音、男高音和男低音声部给女中音"让"，第二句女高音的音区高所以就不必"让"了，他的指挥手势会提示该突出的声部，另一只手则压住该"让"的声部。每一句都是像这样细致地排练，合唱队的训练同样如此，某一个合唱队员唱得不好他马上就很客气地纠正，李克回忆说："在他手下训练谁都逃不过去，并且严良堃能够很好地做到声乐和乐队之间的平衡，不会让乐队'压着'合唱队，乐队该'收'的时候'收'，该'放'的时候'放'，能让乐队完全服从于作品的脉络走向，层次特别清楚。"使中央乐团合唱队，多少年来都是《贝九》的演唱团体，也是"自动"的合唱团，以至，那时候无论哪个团体演出《贝九》，都首先考虑借中央乐团合唱队。

3. 中央乐团合唱队在中国当代合唱历史中几个节点的重要作用

严良堃领导下的中央乐团合唱队在我国当代合唱历史中不断标记着"坐标点"，将"坐标点"串联起来就构成了中国当代合唱不断专业化、逐步走向国际的发展轨迹。这几个"坐标点"就是1959年在中国首演中文版贝多芬《第九交响曲》(时隔20年后的1979年再次复演《贝九》);"文化大革命"中的1975年复演中央乐团版的《黄河大合唱》;1979年率队参加在菲律宾举办的第一届国际合唱节比赛;1981年首演莫扎特的《安魂曲》;1982年第一届"北京合唱节"中上演"西欧歌剧合唱音乐会"以及紧随其后的"东欧合唱作品音乐会";1982年、1986年由他指挥的中央合唱团,分别在第一届、第二届北京合唱节比赛中荣获专业组表演艺术比赛一等奖第一名;等等。

1959年,为庆祝中华人民共和国成立十周年,刚留学归来的严良堃投入了紧张的排练,因为中央乐团要在国庆推出"三个高峰"作品,其中贝多芬《第九交响曲》代表所谓19世纪的资本主义交响乐高峰。那时候的乐队状态和现在不同,"有些现在乐队不成问题的东西,在那时还很吃力,现在的年轻人拿来就拉,可当时就是进不来"。严良堃经过了紧张、严谨的排练,在当年的国庆演出,时恰逢民主德国德累斯顿国家交响乐团访华,于是两团联合演《贝九》,由中央乐团先预演了一次给他们听,听完后德国专家"把地板跺得直响,认为好得不得了!……感佩之情溢于言表"。"正式演出由两个乐团合演(合唱队是中国的),当演到第四乐章时德国指挥蓬·嘎兹指挥将指挥棒交给我,德国人认为中国人能这么理解贝多芬,他们感到非常兴奋。"严良堃说。以至网络评论说:"史上第一个用中文录音的《贝九》,才是真正意义上《贝九》在中国的首演,是国人对《贝九》的最佳诠释……她的荣耀永远属于当年刚留学归来,意气风发的青年指挥家严良堃,刚建立3年、平均年龄24岁却纪律严明充满朝气的中央乐团和即将迎来10周岁生日、依然贫穷落后却充满希望与梦想的中华人民共和国。这是中国式的温暖宽广的《贝九》,节奏自信而从容;中央乐团朴素而温暖的音色之美,在严良堃的指挥棒下表现得淋漓尽致……合唱团也首次在中国乐团的推动下带着那种特殊年代才有的激情与虔诚，以中文唱出席勒的《欢乐颂》；只需要 10 秒钟，每个听者都会为之深深震撼并流泪。这绝不是什么'权威'的演绎，但这绝对是一个伟大的演绎。"1979 年，小泽征尔访华指挥《贝九》，他对严良堃训练的两组领唱组（由小泽征尔任选其一）和合唱队都很满意，决定在当时的红塔礼堂演两场，一组一场。

"文化大革命"期间，很多歌曲都被禁止演唱，数年间全国几亿人只能观看"样板戏"（包括被称为"革命交响音乐"的《沙家浜》与《智取威虎山》）等少数作品。直到 1975 年，中央乐团才冲破"四人帮"的压制，在"人民音乐家聂耳、冼星海音乐会"上再唱了《黄河大合唱》，这象征着中国合唱艺术在逆境中的提前复苏。

1979 年，严良堃率中央乐团合唱队参加在菲律宾举行的第一届亚洲国际合唱节，他们带去了《黄河大合唱》(选段)、《燕子》、《回声》、《毛主席诗词大合唱》、《阿拉木汗》、《半个月亮爬上来》、《阿细跳月》、《乌苏里船歌》、《打起手鼓唱起歌》和《请把我的奶名叫》等代表中国当时合唱生态的作品，他们以精彩的演出赢得了各国专家和观众的一致好评，代表了改革开放后中国合唱的新气质。

1981 年改革开放之初，人们的思想观念尚未完全走出禁锢，宗教题材的音乐作品在当时的政治气氛中是不宜（甚至是不能）触碰的，但恰恰国外有相当一批优秀的合唱作品是以宗教为题材的，例如莫扎特的《安魂曲》就是如此。为了让合唱团更多地涉猎国外优秀合唱作品，尽早接轨国际，严良堃决定排演《安魂曲》。这是中央乐团首次用拉丁文原文演唱外国大型合唱作品，当时中央乐团合唱队某声部的有些同志甚至以"罢演"来摆脱可能给个人带来的"政治问题"，但就在这个敏感的时刻，一颗"为艺术"的心在推动着严良堃"不畏前险",千方百计地促成了作品的演出。受制于当时的各方面条件,乐队用的是成立时间并不长的北京交响乐团,演出地点虽然是中央乐团的主场"民族文化宫礼堂",但竟然不能做公开的宣传,只能以"星期音乐会"的形式演出,没有专业的录像、录音,甚至有点"偷偷摸摸"的意思。今天只有当时严良堃用"砖头"录音机在台口偷录的资料留存下来,即便其音响是单声道的,也并不清楚,可我依然强烈地感到了艺术家们的真诚和深厚功力。时隔三十多年后,严良堃告诉李克:"当我在台上挥出第一个动作的时候,我想我严良堃真的指挥《安魂曲》了?!……中央乐团合唱队完全有能力驾驭世界合唱经典作品!并绝不输于欧美等外国合唱团,这是一件了不起的大事。"

不仅如此,严良堃还将自己苦心收集的中央乐团合唱队历次演出录音托付给李克,她又将自己多年收集的录音、录像汇总,基本上将合唱团重要的演出音响"一网打尽",并由李克自费将之转录、刻制成光碟。在中国交响乐团成立60周年庆典上,李克亲手将几十张光盘交给了团长关峡,这既保存、记录了中央乐团合唱队巅峰时期的气象,又充分显示了两位艺术家至真至诚的艺术理想、高尚的情操,可谓功德无量。

(二)对合唱作品的影响

严良堃的指挥思想对传播、诠释、优化中国合唱作品有特殊的意义(当然,严老对于外国合唱作品的推广和诠释同样重要)。在我国,严良堃是若干重要大型合唱作品的首演指挥。例如,1948年,他指挥马思聪的《祖国大合唱》《春天大合唱》首演;1956年,在第一届"全国音乐周"中指挥郑律成的《幸福的农庄》大合唱、瞿希贤的《红军根据地大合唱》;1959年,他指挥贝多芬《第九交响曲》首演；1981年，纪念莫扎特逝世一百九十周年时，他指挥首演莫扎特《安魂曲》；等等。由于他的指挥，有的濒临"下马"的作品被救活了，有的作品更加完美了，有的作品的诠释还赢得了国外同行的高度赞赏。

严良堃的合唱指挥成就和对作品的影响尤其集中体现于冼星海的《黄河大合唱》、贝多芬的《d小调第九交响曲》(关于《贝九》的论述见前文)以及郑律成、瞿希贤等人的合唱作品上。

1. 对《黄河大合唱》的版本修订

说严老是《黄河大合唱》的"专业户"是绝对恰当的，他从17岁开始指挥《黄河大合唱》，至今已经有上千场。不仅如此，作为冼星海的学生和中央乐团合唱队的指挥，他还对《黄河大合唱》进行了修订，成为流行于世的版本。

《黄河大合唱》无疑是20世纪伟大的中国合唱作品，它是冼星海在特定历史条件下创作的，当时的配器受限于条件，只能是有什么用什么——口琴、笛子、风琴、二胡、小提琴、煤油桶做成的低音胡琴，甚至将锅盖、刷牙缸拿来当打击乐器，这个版本可称为"延安版"。1945年，因苏联卫国战争滞留于哈萨克斯坦的冼星海辗转到莫斯科，准备回国，"此时他的身体极度虚弱，到了莫斯科就一病不起了，他就是在这种状态下为这部作品配的管弦乐谱，事实上他此后不久就去世了。此时，他是很力不从心的，一些配器效果、和声效果他无法作仔细的推敲，因此很不清晰。例如，弦乐的拨弦安排到第七把位，到了贴近琴码的地方了。效果是很不理想的。这是'莫斯科版'。1949年，李焕之对'莫斯科版'的配器做了一些修改后进行了演出，这就有了'进城版'，以及后来的'上海版'。这两个版本没有从根本上得到改善"。[1]

1975年，为了纪念冼星海逝世30周年举行的演出，也为维护这部伟大作品，使其能更好地流传，严良堃决定对谱面上遗留下来的问题做处理，从根本上改善配器的效果问题。当时成立了一个由严良堃主持，施万春、田丰、陈兆勋三人参加的修改班子，最终形成了"中央乐团版"。"这个版本较为成熟，参加演出的所有乐手都很高兴。此后这个版本就被广泛使用了。其后众多文艺团体，像中央歌剧院、上海乐团、上海歌剧院、中央广播乐团、新影乐团、广州交响乐团、天津交响乐团等，在演出中都相继采用了。中央乐团和上海乐团分别用这个版本在海外发行的两张唱片都获得了'金唱片'奖。这个版本在海内外广泛地流传开了。"[2]

2. 对郑律成几部合唱作品的"抢救"和阐释

指挥可以说属于表演艺术，指挥家对作品的理解和诠释经常关乎作品的成败。指挥家的合唱思维能力有时候对作曲家的创作有能动作用。严良堃对郑律成、瞿希贤的作品就属于此类。

1956年，为第一届"全国音乐周"，严良堃从莫斯科返京参加排演，中央乐团参演的是瞿希贤的《红军根据地大合唱》，马思聪的《淮河大合唱》，还有郑律成的《幸福的农庄》大合唱。当时"秋里说这个合唱（笔者注：指《幸福的农庄》大合唱）不行，把它给枪毙了。后由严良堃担任指挥，把郑律成的《幸福的农庄》大合唱给救了……演出后，大家觉得这个作品挺好的……一个音乐会就把一个作品给救下来了"。事后，严老谦虚地说"是郑

---

1 卜大炜：《血融黄河水，曲通黄河声——著名指挥家严良堃谈〈黄河大合唱〉》，《福建歌唱》2015年第3期。
2 卜大炜：《严良堃的"黄河"与"贝九"》，《世界博览》2009年第22期。

律成的创作提供了这个成功的基础"。[1]

"文化大革命"时期，严良堃属于被"控制使用"的人员，即便在这种情况下，他也顶住了批判郑律成的压力。郑律成的几部大型合唱作品都是由严良堃处理、指挥的，也许是性格和艺术爱好比较相投，两人合作得很愉快。郑律成的《长征路上》就是两人在"文化大革命"逆境中，钻在中央乐团厕所下边一个堆东西的小角落里，从郑律成以往创作的作品中"选出了几首合唱和独唱，由中央广播合唱团试唱、录音。之后，郑律成又在这个基础上，选了五首与红军长征有关的诗词谱曲，合成一组"[2]，准备在纪念红军长征四十周年的活动中拿出来演出。严老说："我们是 1975 年正式排练这组诗词合唱的。大家唱着，都很受感动。但当时的中央乐团不允许演出郑律成的作品，特别遗憾。"从李克处得知，郑律成、瞿希贤等人的合唱作品经常在严老的研读和排演中得以完善，他从合唱思维出发，为作品的艺术形式的完美提出的合理化建议已然融化在作品中。遗憾的是，由于瞿希贤先生去世后，其子女不慎将手稿遗失，致使笔者未能寻到当年严老修订之处。

在抗日战争暨世界反法西斯战争胜利 70 周年之际，中央音乐学院上演了《黄河大合唱》，主办方由著名歌唱家、声乐教育家郭淑珍出面邀请严老到场指点，谁知道后来两位老艺术家按捺不住激情和后辈的热望竟然亲自登台，再次联袂演出，现场的轰动可想而知。是什么支撑着严老以九十多岁高龄亲自执棒呢？我想这是严老这一代艺术家"为国家、为人民、为艺术，不为名、不为利、不计个人得失，还艺于民"的精神。中国当代从事合唱专业

---

1 参见严良堃《郑律成合唱作品的艺术成就》，《人民音乐》1985 年第 4 期。
2 参见严良堃《郑律成合唱作品的艺术成就》，《人民音乐》1985 年第 4 期。

的中青年艺术家如果想百尺竿头更进一步，不仅需要学习严老的指挥思想，更需要学习严老的这种精神。笔者想借此表达对严老的敬意，也祝他身体康健。

2017年6月18日，中国指挥家严良堃先生仙逝，享年94岁。他是我国专业合唱事业的奠基人之一，而他另一个为世人所熟知的身份，便是《黄河大合唱》的权威演绎者。《黄河大合唱》这部作品从抗战时期至今，一直深受人们喜爱，他曾经指挥过千余场《黄河大合唱》，与《黄河大合唱》结下了不解之缘。严良堃先生的指挥给我们的启示：真诚地表现音乐及其音乐所承载的思想和精神是指挥产生无穷魅力的不竭源泉，在全身心塑造美好音乐音响的过程中也同时塑造了自己。严先生不仅指挥的音乐使人印象深刻，其指挥风采也往往使人着迷、记忆久长。他一生历经沧桑和无数挫折与苦难，但始终保持热情和乐观。在此，让我们在乐声中重温指挥家严良堃先生的艺术人生！

中央乐团版《黄河大合唱》的一点回忆

陈兆勋

我目前还在回忆四十年前的创作经过，年代久了是需要一点一滴地积累，我会在百忙中做这事的。

关于《黄河大合唱》——中央乐团1975年整理稿，时隔多年，有很多细节都记不太清楚了。但是片断的点滴回忆还是很清楚的。

严老和我们三个人（施万春、田丰和我）着手整理《黄河大合唱》（简称《黄河》）是有其历史和现实原因的。严老早在1940年17岁时就指挥当时的孩子剧团在重庆公演了星海这一巨作。他对这部作品有着深厚的感情，而且对整部作品的各个细节都有深刻的理解。星海能有此巨作，主要深受光未然的《黄河吟》词作的激励，在当时1939年极其艰苦的环境下，仅花了六天时间就于延安窑洞中完成了整个合唱谱，在当时仅有的条件下，乐队只有二十多件乐器的配合下，在延安首演了这部作品。星海在1940年就去了苏联，在他去世前完成了《黄河》的管弦乐部分，从他的总谱了解到整个配器及乐队组合来看，气势雄伟恢宏。说明他的总构思是有意将作品创作成合唱交响化的意图，可能有多种原因，故没有看到这个总谱的演出记录。后来于 20 世纪 50 年代，李焕之先生曾将总谱整理过两次，这些整理稿严老和我们都参考过，但都觉得不易演奏。另外，中央乐团于 1969 年创作了《黄河》（钢琴协奏曲），这作品在当时确实有很大的影响。但实际上，这作品并没有完全表现《黄河大合唱》的全部精神。主要是根据上头的"留曲去词"的指示，可以说，没有光未然的词《黄河吟》就没有星海的《黄河大合唱》。为了在新的历史时期再将《黄河大合唱》精神重新发扬，严老通过领导的允许，大概是 1971 年组织了我们再根据星海原作及李焕之的整理稿，弄出一个适合中央乐团演出的整理稿。

《黄河》原曲共分八个乐章，严老建议将《黄河之水天上来》的朗诵配乐放一放，先弄好七个合唱及管弦乐部分。由于施万春和田丰当时还有别的创作任务，所以他们每人负责两个乐章，我则分配了三个乐章。我在着手弄（《黄河怨》）时，想起多年来给独唱伴奏的印象所得，参考了多首外国有名的咏叹调配置，尽量让独唱部分的线条清晰，配器上强调了背景陪衬的作用。在《保卫黄河》这一重点乐章中，严老为了加强热烈的效果，要我在中间加插一段乐队全奏再引出合唱齐唱的高潮，在第一段轮唱乐段，为了旋律线条清晰明显，将原作四部轮唱改为最多三部轮唱，这样效果的确好得多。《河边对口曲》由于原曲具代表性，我只将弦乐部分配置了一下，加上大小三弦及民族打击乐，尽量使该乐章清新简练。

整个创作最后的重担，落在施万春一人身上，所有乐章前的朗诵配乐都由他负责，全曲的定稿都由他执笔，他的工作量是最大的，我只不过出了一点微力罢了！

全部工作，主要是严老领导有方，总之我们觉得中央乐团这一方案是为了更好地发扬星海的黄河精神。我们在严老领导下进行修改整理，绝对不是篡改。

  说实话，中央乐团的《黄河》整理稿虽然是 1975 年稿，但具体着手整理应该在 1971 年、1972 年，时间太久了，有许多细节确实有所淡忘。我和施万春目前都已经过了 83 岁，记忆肯定大不如前。如果以前有所察觉，及早安排整理回忆工作，肯定要比现在做好得多。

  目前国内演出的《黄河》，大多是参照中央乐团版本。我认为在严老领导下整理出的这个版本是适合现代合唱及乐队表演的不朽之作。

黄河奔腾忆严老

李培智

严良堃先生是中国合唱协会的组建者之一。

1986年6月,在周巍峙、李凌、李焕之的支持下,严老、秋里、胡德风、聂中明、唐江、司徒汉(上海)、施明新(广州)、曾理中(武汉)等合唱指挥家在北京成立了北京合唱指挥学会,即中国合唱协会的前身。协(学)会的成立,是从事合唱事业的人们多年的期盼,协会把本来分散在各处的力量整合到一起,使专业和业余的合唱更紧密地结合起来,大家心往一处想,劲往一块使,推动中国合唱事业有了有力的抓手,形成了合唱发展的新格局。三十多年来,几代合唱人精诚团结,齐心合力,终于迎来了合唱大发展的好局面。可以说,当年以严老为首的协会创立者们畅想的宏图,今天已初步实现。

严老是新中国合唱事业的奠基人之一,中国交响乐团(原中央乐团)合唱团的领军者,中国合唱协会的首任理事长、协会的终身名誉理事长,全国合唱界及爱好合唱的人所敬重、敬爱、敬仰的指挥家,他对中国专业、业余合唱发展有着巨大贡献,对年轻指挥们给予培养、提携、指点,对全国各地合唱团事业给予支持、鼓励和关怀。

严良堃生于1923年,14岁就参加了抗日演剧队,曾得益于冼星海的言传身教。1942年,他进国立音乐院学习,师从江定仙、吴伯超,打下了扎实的音乐基础。新中国成立后,他曾任中央音乐学院音工团、中央歌舞团指挥。1954年赴莫斯科柴科夫斯基音乐学院攻读研究生,1958年回国后就任1956年组建的中央乐团合唱队指挥,开始了他在合唱领域的辉煌事业。1959年新中国成立十周年献礼的贝多芬《第九交响曲》、1961年在"哈尔滨之夏"的合唱音乐会、1964年的《东方红》大歌舞的演出等无不展示了他指挥的风采。他和秋里带领乐团合唱队活跃在中央乐团的"星期音乐会"里,行走在全国巡回演出的舞台上,在当时产生了很大的社会影响,许多听众对演出记忆犹新。"文化大革命"中,一批中央音乐学院、中国音乐学院和沈阳音乐学院的毕业生陆续被分配到中央乐团合唱队,我们惊异地看到一个瘦小的老头站到指挥台上,好像不起眼,但当他的双臂抬起又挥下时,我们看到的是一个威严的将军、一个指挥千军万马的统帅。在他神奇自如的调度下,合唱队的声音越来越统一、和谐,当队伍中有不太合群的声音出现时,他就风趣地说声音不要像白菜长了芽一样支出来,形象的比喻,使我们对和谐统一有了更深的理解。他在排练中的刚柔并济、"软硬"兼施,使我们这些刚走进合唱队的年轻人兴奋不已、五体投地,我们都亲切地称呼他"严老头儿"。1975年,我们还在严老的指挥下,参加了一次难忘的《黄河大合唱》(简称《黄河》)的演出。当时,演出的消息不胫而走,许多文艺界的朋友闻风而来,民族文化宫剧场前人头攒动、一票难求,周巍峙同志也在人群中,是李德伦看到后暗中让人送了票他才观看了演出。在这场演出的排练中,严老特别认真,合唱队员也格外努力,"风在吼,马在叫"的气势震天,"怒吼吧,黄河"的声势直冲云霄,严老的指挥才华在这次演出中发挥得淋漓尽致,引人入胜。

1976年"文化大革命"结束后,艺术的又一个春天来临。已过"知天命"年龄的严老精神抖擞、意气风发,为乐团合唱队的发展制订了一系列计划。在一次乐团的党委会上严老说:"我们的合唱一定要有自己民族的东西,也要介绍一些外来的作品。"据我不完全的回忆,那些年严老亲自执棒的音乐会有"贺绿汀作品音乐会""萧友梅、黄自纪念音乐会""瞿希贤合唱作品音乐会""吕骥作品音乐会""张文纲合唱作品音乐会""刘炽作品音乐会""纪念郑律成、张文纲、施光南音乐会""民族交响合唱(诗经)音乐会"等。他还亲自组织、指挥大量合唱新作品的视唱,将许多好的作品在音乐会上推介出来,有的还录制成唱片、磁带,以利于推广。同时,严老也执棒介绍了许多国外合唱经典,如莫扎特的《安魂曲》、贝多芬的《庄严弥撒》、海顿的《四季》以及"俄罗斯合唱作品音乐会""西欧歌剧合唱音乐会"等。严老还多方努力聘请国内外优秀指挥来合唱队客席,如约翰·奥尔迪斯(英)、皮里松(法)、罗大卫(美)、鲍里斯·杰夫林(俄)、马革顺、徐瑞祺、吴灵芬以及年轻的余峰、曹丁、娅伦·格日勒等,这些指挥家们使合唱队了解了各种合唱作品的背景和演唱风格,在舞台上给合唱听众带来美的享受,也训练提高了合唱队的水平、扩大了合唱队的曲库。

为了普及合唱艺术,严老还要求合唱队每年都要去外地巡回演出。20世纪八九十年代巡演的条件还是很艰苦的,为了节约成本,我们都要自带行李,住剧场后台。严老也和大家一样同吃同住,不提任何特殊要求。巡演中,严老还特别注重去大学开合唱音乐会、普及合唱知识,影响了许多年轻的大学生走上了热爱合唱的道路。1981年,为解决各地合唱指挥匮缺的难题，中央乐团举办了地方合唱指挥培训班，各省、市都有人来乐团学习，严老、秋里等亲自授课，同时观摩合唱队排练。这种做法很有成效，参加学习的许多人后来都成了各省、市的合唱中坚骨干力量。

说起严老的最大情结，那就是他对中国合唱作品，尤其是《黄河大合唱》的钟爱，这情结伴随了他一生。他早在《黄河大合唱》诞生的第二年就在重庆登台演出了《黄河》。长年的研究、琢磨和演出，他对《黄河》的演绎可以说已炉火纯青、堪为经典。就拿我亲身跟随他演出《黄河》来说，1975年民族文化宫礼堂的演出是特殊年代的一声惊雷；1985年合唱队一百多人赴香港，与香港的上千名合唱团员在红磡体育馆唱响《黄河》，给香港乐坛带去一次震撼；1992年，台北爱乐合唱团在杜黑的带领下来北京和我们合唱队共唱《黄河》；1993年，我队又赴台北与"爱乐"同唱《黄河》，这两场严老亲自指挥的音乐会，在海峡两岸引起了轰动；1995年，他率领合唱团在广州和广州的万人合唱团合作《黄河》，可以说是人数上创纪录的一次演出；《黄河》还随着20世纪华人音乐经典的演出到过许多城市，每年的抗战胜利纪念日也有严老指挥的《黄河》演出。在海外，《黄河》的影响力巨大，我们曾随严老在菲律宾、美国、加拿大、新加坡、马来西亚等国家演出，每到一处，《黄河》都是反响最热烈的。每次演出都对海外侨胞起到了振奋的作用。

不仅在艺术的追求上令人钦佩，他的谦虚低调也让人难忘。他从不许别人称他为"大师""著名指挥家"等，报幕时只报"指挥：严良堃"。他常说，我就是个打拍子的，我的本事都是党和人民培养的。他走了许多地方去辅导、讲座、培训，从不计条件。2006年，中国合唱协会在中山市办了一次培训班，我们付给严老一些劳务费，严老用这些钱印制了《黄河》的乐队总谱和钢琴伴奏谱，让协会送给各地协会和艺术院校，而且不让提他的名字。他这种无私奉献的精神，令我们感动和敬仰。

严老诞辰百年，我们将永远铭记他、纪念他，把合唱事业做好、做大、做强。

严指挥领我诵《黄河》

瞿弦和

每次在北京音乐厅演出《黄河大合唱》(简称《黄河》),我都会在后台二层最西面的化妆间门前伫立,这是一个难忘的地方——指挥休息室。

我不是声乐演员,也不是演奏员,而是在音乐会上担任朗诵的话剧演员。改建前的音乐厅,化妆室有限,每次我都荣幸地被分配在严指挥的房间。其实,只有演出前向他请教和演出后帮他擦汗换衬衫。

我怀念他,是他领我诵《黄河》,《黄河大合唱》的旋律中时常浮现他的形象,黄河的浪涛上总会闪现他的指挥棒。

纪念《黄河大合唱》首演八十周年,中央电视台《经典咏流传》栏目拍摄了专辑,还播出了在延安宝塔山下的重唱《黄河》的音乐会录像,再次激发了全民族的激情。

节目中主持人采访新中国成立后第三段《黄河之水天上来》的恢复情况,我作为恢复者之一和朗诵者讲述了当时的经过,想说的话太多了!

担任《黄河大合唱》的朗诵是我艺术人生中无法忘怀的经历,至今已近四十年了。《黄河大合唱》诞生于1939年,由曲作家冼星海、词作家光未然共同创作的，是八段体的大合唱。每段之前都有朗诵，这不是一般的朗诵，是与音乐融为一体的朗诵。1985 年 11 月 11 日，作曲家冼星海的女儿冼妮娜曾于纪念冼星海诞辰 80 周年、逝世 40 周年之际在《人民日报》上撰文《黄河是永存的》，文章记载了在香港演出《黄河大合唱》的情景。"气势宏伟的红磡体育馆灯火辉煌，场内一侧十几个看台上站满了千人合唱的演出队伍……'朋友，你到过黄河吗？……'瞿弦和那嘹亮、亲切的声音，向着二万听众呼唤着。指挥家严良堃振臂一挥，合唱队千口同声，以排山倒海之势唱出了黄河船夫的呼号'划哟，划哟……'这震耳欲聋的雄壮歌声立刻把全场观众的心抓住了，他们好像回到了祖国，来到古老的黄河边，听到了黄河的咆哮，看到了船夫的呼号……"

这段描述把朗诵与合唱、与音乐融为一体，形象地描述出来了。的确，每段的朗诵与音乐丝丝入扣，配合极为严格。

严良堃老师亲自选定我担任《黄河大合唱》的朗诵，用他的话说："小瞿有激情，朗诵有音乐感。"他对每段朗诵都有具体的要求，我也向他汇报了自己的想法，最后的呈现是：第二段《黄河颂》，男中音独唱之前的朗诵词，充满辽阔感，节奏舒缓，最后一句"我们向着黄河，唱出我们的赞歌"朗诵结束时，正是乐句开始。

第四段，女声合唱《黄水谣》的前奏中的朗诵词，最后一句"不信，你听听，河东民众痛苦的呻吟"，词作者特别标明了"冒号"，朗诵结束时必须是合唱前奏的开始。

第五段男声对唱《河边对口曲》的朗诵没有音乐，而是朗诵之后，音乐再起，朗诵者必须衔接上一段《黄水谣》的情感基调，读出"妻离子散，天各一方"，再读"你听听吧！这是黄河边上两个老乡的对唱"。这样以三弦为主的演唱前奏，自然开始。

第六段《黄河怨》女声独唱，非常感人。朗诵者应给予演唱者规定情境的铺垫，朗诵完"亲爱的同胞们，你听听一个妇人悲惨的歌声"之后，要缓缓地倒退几步，手指向演唱者的方向。

第七段《保卫黄河》，是家喻户晓，人人会唱的歌曲，朗诵在鼓声中开始，节奏紧凑，充满力度，在"保卫黄河，保卫华北，保卫全中国"之后，合唱立即发出"风在吼，马在叫"的歌声，节奏不稳就会出现词未完，合唱已进入，或朗诵之后，合唱未开始的情况。

第八段《怒吼吧，黄河》为混声合唱，音乐前奏较长，朗诵者要把握入点，并在之前结束，与合唱融为一体。

这些要求，我理解了，实践了，直至今日还被当作年轻演员的参照。

《黄河大合唱》在延安首演时为八段，其中的第三段《黄河之水天上来》是词作家光未然老师自己朗诵的，当年他披着黑斗篷，站在麦垛上（严良堃老师讲述）用三弦伴奏。新中国成立后这一段始终没有出现，均以七段体演出，光未然老师也只在北京大学共青团活动中朗诵过一次。1986年，宝丽金唱片公司准备出完整版的《黄河大合唱》（八段），他们与中央乐团著名指挥家严良堃联系，严指挥说"那我得找小瞿"，于是就有了下面我夫人张筠英讲述的第三段《黄河之水天上来》恢复的故事。

> 1985年夏天的一个晚上，弦和下班演出回家已是晚上了。他非常兴奋地给了我一个小本，黄色封面（已有些褪色）的书，是《黄河大合唱》的简谱本。看到我诧异的表情，弦和说："这是中央乐团的严良堃指挥给我的，让我准备一下第三段《黄河之水天上来》。"

因为《黄河大合唱》的其他段落弦和已经和乐团合作演出很多次，但从来没有提起过这第三段。

翻开第三段，看了诗句，又看了一下简谱，让弦和试着读前面的一小段诗，我拿着简谱试唱一下，然后用表计算了一下时间，为的是看看诗的长度和音乐的长度是否大致一样。若相差不多，可以调整诗的朗诵速度或个别段落的速度来适应音乐。

第一遍计算下来，我很惊讶，全诗的时间只够音乐的 2/3 长度，差 1/3 的时间呀！这不是调整朗诵速度就可以与音乐配合的。怎么办？我们又试了一遍还是如此，与前一次相差无几。

只有一个办法，能否把音乐缩编呢？这只有与严指挥商量了。

与严指挥约好到了他家，严指挥约上中央乐团的作曲家施万春一起到家商量。一开始严指挥就说："你们说诗与音乐相差 1/3，我考虑必须把音乐缩编，既然要改动最好一次成功。这段要以诗的节奏为主，所以你们把朗诵的节奏告诉我。"

当我们把在家里录好的朗诵的磁带拿出来，严指挥笑了："你们早就准备好了，有这个磁带就好办了。不仅是长度，而且节奏和气氛也可以调节好，这下没问题了。"

果不其然，三天后，弦和从严指挥那里拿来修改后的钢琴录音带，当时只有盒带，砖头录音机。

第一次合着音乐读诗，真是享受呀！能让你很自然地心潮起伏。段落间的变化有了音乐的衔接，节奏也变得很顺畅了。当然不能说是严丝合缝，为了能保证与乐队合乐的稳定性，我在弦和抄好的诗的每一小段前面写好音乐的旋律，这样一旦这个旋律出来，上一段还没朗诵完，可以稍微加快一点速度。如果已经朗诵完这一段，下一段旋律已出现，下一段节奏可稍微快一些。

《黄河大合唱》的第三段被人们称为"黄河大朗诵"的《黄河之水天上来》在经过这样精心的研究磋商后终于取得了完美的结果。

当我们到中央乐团排练厅合乐时，乐务告诉大家："原来的七段很熟了，第三段第一次合，可能时间会长一些，大家要有思想准备。"没想到，一遍过，严丝合缝，乐队祝贺，严指挥脸上也笑开了花。

恢复后的《黄河之水天上来》搬上舞台的那一场，词作家光未然老师来了，严指挥在演出结束时才告诉我"光年（光未然名）来了，在休息室等你"。光年同志是文化艺术界的领导，我们大都远远地看他在主席台上。那天，他从沙发上站起来，紧紧地握住我的手，说了三个字："谢谢你！"他的眼里含着泪水，我感受到他的愿望实现后的激动，此情此景令我终生难忘。

著名指挥家杨鸿年也上台表示祝贺，他当着严指挥的面，笑着指着我说："天下黄河第一人。"这是说多年的愿望，今天实现了，《黄河》终于完整呈现了。

祖国宝岛台湾的民众，也经常演唱《黄河》，第三段恢复之后，"环球音乐"出版了"中乐京华——黄河大合唱"的CD盘，封面上特地附上了说明："本辑为一九八七年宝丽金唱片赴北京录制的巨作。由于过去这个曲目一直不完整，因而这次录音特别把《黄河之水天上来》的朗诵部分完整录音。朗诵者瞿弦和被誉为不能替代的经典诠释者，而严良堃更是指挥《黄河》的不二人选。从慷慨激昂的合唱部分到生动丰富的演奏表情，本曲无疑是令人热血沸腾的伟大创作。"

《黄河之水天上来》在资料上写的是"朗诵歌曲",我理解是必须和音乐融为一体,是具有音乐性的朗诵,像唱一样的朗诵。我加进了戏剧表演的元素,那就是朗诵者要全身心投入,如同是站在黄河边上抒发内心的感悟,表达民族之声。朗诵时视像要特别具体,第三段中有这样的诗句——"黄河之水天上来,排山倒海,汹涌澎湃,奔腾咆哮,使人肝胆破裂""红日高照,水上金光迸裂""日出东山,河面银光似雪"……由于工作及演出原因,我曾在黄河源头及入海口,在青海的果洛、循化、贵德,甘肃的兰州,银川的石嘴山,山西的壶口瀑布,河南的郑州,山东的东营等地的黄河边伫立,亲眼见到黄河水的千姿百态,朗诵时会出现真实的景象。

这一段朗诵与严良堃指挥的要求,与琵琶演奏家的体现有着直接的关系。严指挥处理得格外细腻,首演的琵琶演奏家张强的节奏把握得非常准确,比如"东方的海盗伸张着杀人的毒焰,于是,饥饿和死亡,像黑热病一样传染",严指挥处理要求朗诵"传染"的"染"字与琵琶演奏同时收住,象征"共同的控诉",给观众(听众)留下深刻的印象。

我与严良堃多次赴宝岛台湾演出《黄河大合唱》。记得有一次演出结束后,我陪严指挥一同走出后台,一位海外华人在等着见面,他说:"第三段我以前没听过,这次听了特别激动,我流泪了,因为每一位华人不论身居何处,我们血管里流的不是血,而是黄河的水。"这就是被列为"20世纪华人音乐经典"的《黄河大合唱》的艺术魅力啊!

严良堃老师不仅是我艺术生涯中的恩师,更是朋友。在我任中国煤矿文工团团长三十年的过程中,他一直在业务上扶持我。不仅带我赴上海、四川、云南等地演《黄河》,让我在北京各大剧院诵《黄河》,还应我邀请担任文艺职称高级评委，在央视采访我的栏目中当嘉宾。2017年年初，我去他家中探望，他格外高兴，特意换了衣服与我合影，女儿严镝说，这是父亲生前最后一次与他人照相。真是难忘的记忆。

　　时代在发展，经典咏流传，《黄河大合唱》有着永恒的生命力，更多的年轻演员加入了演出的行列。担任《黄河大合唱》的朗诵，一定要按照严指挥的要求，与音乐融为一体，以真情实感抒发民族之情，就像你伫立在黄河边，望着黄河水，无论它是清是浊，是急是缓，它都是勇往直前。它是我们中华民族精神的象征，用声音赞美我们的母亲河吧！这是对著名指挥家严良堃最好的纪念。

严良堃先生与我国高师合唱指挥教育

陈家海

2018年6月18日是我国著名指挥家严良堃先生逝世一周年的纪念日,时光荏苒,先生已去周年,回首往事,心中顿然感慨万千,先生的音容笑貌犹记心间。严良堃先生一生致力于普及和提高我国的合唱艺术,他的众多开创性的贡献,以及由于他的离去给合唱指挥领域所造成的重大损失,随着时间的推移,我们大家都将会有更加深切的认识。

20世纪80年代初,我随聂中明先生学习合唱指挥期间,曾多次观看严先生指挥的中央乐团合唱队的现场演出,对严良堃先生的指挥风范无比崇拜,当时就希望能够有机会得到严先生的指教,却一直无缘得成。时至1992年,由中国合唱协会主办的全国合唱指挥讲习班在北京举行,当时严先生为来自全国的学员授课,那是我第一次在讲习班上跟随他学习。十多天的学习使我受益匪浅,对他精湛的指挥技术、严谨的学术风范更加崇拜。

我与先生正式结缘于2011年"第四届全国高等学校音乐学(教师教育)专业合唱指挥教学改革研讨会"筹备期间。我作为本次活动的主持者,特别希望能够邀请到德高望重的严先生,来为全国高等师范院校音乐专业的合唱指挥教师们授课。苦于先前与先生无私交，只好委托有过工作关系的音乐教育家张援（严先生的女儿）老师传递我们的愿望，严先生得知是为高等师范院校的合唱指挥教师上课，非常乐意，欣然应允。他向我表达了"教师是我国合唱教育推广和传播的桥梁，我当老骥伏枥为此尽绵薄之力，让高师合唱指挥人才的培养走向正规化，是我的愿望"的意愿。

2011年10月18日至20日，"第四届全国高等学校音乐学（教师教育）专业合唱指挥教学改革研讨会"在河南大学举行，年近九十岁的严先生不仅为与会的全国各地学员进行了合唱指挥教学，还针对几首作品进行了现场排练。先生排练之前总要将作品的时代背景、来龙去脉讲解得很清楚，其中涉及人物、时间、地点、事件等细节，他总是不假思索脱口而出，我当时就十分惊叹于他超强的记忆力。一个乐句或者乐段，先生往往会设计几套排练方案，并通过合唱队表现出来，然后他会问合唱队员及与会学员哪一种方案最合适，不知不觉中，学员和合唱队员们已初步建立起了对合唱艺术的一种审美标准。记得当时排练《忆秦娥·娄山关》，先生讲解合唱音乐中强与弱的相对性，他说有时候弱也能制造出惊心动魄的效果，他随口引用鲁迅先生的诗句说："于无声处听惊雷。"他指导合唱队唱出五种声响效果，让学生在对比中明白弱得恰到好处是一种什么样的艺术效果，当最佳的声响效果呈现时，整个音乐厅爆发出了雷鸣般的掌声。合唱队员们也压抑不住满脸的激动，这时先生居然在舞台上顽童似的跳起了舞来，整个场面真是既热烈又温馨。我记得很清楚，先生当时连续讲了一个下午加晚上，他似乎不知疲倦，相反，他"老顽童"式的性格以及轻松、诙谐的语气，常使音乐厅不时爆发出开心爽朗的笑声……

近年来，严先生对高师合唱教育倾注了极大的心血。无论是在合唱指挥的学科建设还是在合唱指挥的人才培养上,他都给予了大力的支持和高度的关注与关心。2013 年 11 月 7 日至 11 日,在海南师范大学举办的"第五届全国高等院校音乐学(教师教育)专业合唱指挥教学改革研讨会",严先生也受邀担任点评工作。当时九十岁高龄的严良堃先生不光作为研究生展示的点评嘉宾,同时还就《海韵》《怒吼吧,黄河》《嘎哦丽泰》等作品为与会者做示范排练。犹记得,在每位研究生登台展示之前,严老都会让研究生们自报家门,三言两语的询问或者启发已使气氛变得轻松起来。随后是学生展示,严老站立一旁,看着研究生与合唱团的表演,哪怕是中间发现了问题,他也不打断音乐的进行。点评时,严先生明显以鼓励为主,肯定成绩时充满热情,指出问题时却十分委婉中肯。他总是用"建议""希望"之类的词语,饱含着对年轻人的鼓励和关爱。当然,涉及专业问题时严老也绝不含糊,他言简意赅却又直指要害,这也反映出他对艺术、对学生高度负责的态度。

先生一生高风亮节,他给我们留下的财富是多样性的。今天,我们在这里纪念先生,向先生学习。我们不仅要学习他精湛的指挥技术,更要学习他高贵的品格和对音乐的虔诚。严老不光是一个专业指挥,他更是一个以身作则、极度谦虚的人。先生生前举办过多场音乐会,也参加过多场学术讲座,在所有的场合里,他都拒绝别人以"大师""著名指挥家"来称呼。甚至当报幕员坚持介绍他为著名指挥家时,他拒绝出场。而当下社会快速发展中所呈现的浮躁气息以及教育发展中所暴露的问题值得我们每个人反思。比如"指挥大师满天飞"的现象,甚至有很多人自封大师的现象,都是让人费解和不齿的。在这一点上严先生是表率,跟严先生相比我们都只是合唱路上的追梦人、后学者。萧白先生也曾经说过,学指挥,不到六十岁就不会懂得什么是真正的指挥艺术。严老晚年到各地去讲学和指导也从来都不计报酬,甚至给了报酬都不要。有一次严老去广东省中山合唱基地举办指挥训练班，结束后主办方给他报酬。老人家回到北京后，用这些钱复印了《黄河大合唱》的总谱和钢琴谱，又委托中国合唱协会送给各地合唱协会和艺术院校，而且不让说是谁送的。严老不图名、不图利，就是为了合唱艺术的传播与发展，他如此谦虚的品格是我们每个人都要学习的。

中国合唱协会的几个创始人都走了，他是坚守到最后一个离开我们的。我觉得我们纪念他的最好方式，就是将先生所开创的道路越走越宽、越走越光明。先生是里程碑，我愿做铺路石，跟着先生的指挥棒，努力实现老人家当年的理想，继续普及合唱艺术和提高艺术水平，让中华民族伟大复兴的交响大合唱在天地间激荡……

怀念严指挥

肖铭炎

1953年3月,我从四川成都考入中央歌舞团(中央乐团前身)合唱学员班学习。听老队员讲有个很棒的指挥严良堃,正准备去苏联进修合唱指挥。

1955年7月,我荣幸地参加了波兰华沙举办的"第五届世界青年联欢节",在莫斯科、华沙都见到了严指挥,他鼓励我们:这么年轻,要努力学习,认真搞好演出工作,机会不容易,为新中国争光!

1956年7月,中央乐团正式成立,8月就投入北京举办的"第一届全国音乐周"。我团有一台专场,除交响乐和独唱、独奏外,合唱有三部分:第一部分是瞿希贤的《红军根据地大合唱》,由秋里指挥;第二部分是在我团的苏联合唱指挥专家杜马舍夫,为我们排演的俄罗斯的民族英雄《布加乔夫》的清唱剧;第三部分是严指挥放暑假刚从莫斯科赶回北京,立刻排练郑律成新创作的《幸福的农庄》大合唱,在很短的时间里排练好演出,大家都很佩服他。这是我第一次由他排练演出的合唱,也让我慢慢懂得一些合唱艺术。

1958年,严指挥从苏联学成回国,那时全国都在"大跃进",合唱队正在东北演出。回京后不久，文艺界大部分人士都要深入工厂、农村进行锻炼，留学生也不例外。秋里指挥还率领部分队员参加首都十大建筑——人民大会堂的会战中。

1959年春节之后，全团接到庆祝新中国成立十周年的演出任务。演出世界著名交响乐贝多芬《第九交响曲》，以高水平向国庆献礼。这也是中国乐坛上的一件大事，严指挥承担了这个重任。从乐谱、资料、翻译到试唱等事前的准备工作就相当繁杂，我们配备人员不够，还邀请中央音乐学院、广播合唱团加盟，共同组成一个130多人的队伍，经过三个月的严格训练、合排，在7月请部领导、音协的领导来审听。唱完之后，台上、台下都激动不已——中国人终于可以攀登交响合唱的高峰了！

我记得严指挥完全是背着谱指挥的。这要付出多大的努力和勤奋才能完成啊！严指挥那时36岁。

国庆期间，周总理和陈老总（外长）陪同东德驻华大使汪戴尔在首都剧场观看了演出，周总理和大使都非常激动，称赞不绝！次日，电台、报纸纷纷报道，热评称赞不断，德国、日本也好评不少。同月9日，在政协礼堂与德累斯顿国家交响乐团合演了第四乐章《欢乐颂》。德国的指挥和队员都给予我们很高的评价。

1969年春天，我团到南方巡回演出，乐队合唱队在武汉与广州会合，与当地的合唱团一起演出了《欢乐颂》。在当地引起轰动，影响颇大。

我们还参加了广交会的演出，特别安排去深圳为港澳同胞演出了三场不同内容形式的音乐会。我团的四位指挥（李德伦、韩中杰、严良堃、秋里）相继登台，展现了内地音乐的最高水平。港澳同胞、演艺界著名人士前来观赏，有的人两天连续看了三场。

那时的深圳只是一个小渔村，人口也不多，剧场挤得很满，基本是港澳来的。在此之前这种交流太少了。

我们回京后，文化部所属院团要求贯彻党提出的文艺要"革命化、民族化、大众化"的口号，我团积极响应。乐队集中力量，以罗忠镕为首的创作力量先后创作了《穆桂英挂帅》和《保卫延安》；合唱队在严指挥带领下，以北京曲艺风格编写了大合唱《人民英雄纪念碑》；改编了北京曲剧《苦菜花》，由著名奉调大鼓、曲剧表演家魏喜奎担任主唱；由张文纲用广东的南音音乐改编了女声合唱《歌唱农村新面貌》；以河南豫剧的形式编写了歌颂英雄模范徐学慧的大合唱《徐学慧》等。严指挥还亲手改编了混声合唱《洪湖水，浪打浪》，此曲后来成为我们的保留节目，在全国文代会上表演时，受到了热烈欢迎和肯定。

我着重要说的是严指挥与《黄河大合唱》(简称《黄河》)，以及我所经历和了解的情况。

我们合唱团正式全套排练《黄河》是从 1960 年下半年开始的，徐环娥钢琴伴奏。严指挥对这部作品非常熟悉，如作品的时代背景、星海的生平(当时许多情况我们都不了解)，他对每个段落的特点都要求得非常具体。我当时被选上《河边对口曲》的领唱，开始只唱音符和拍子，没有风味和情感。没有了解，这是表现山西的农民和从东北逃亡的商人等情节，通过排练我们都受益颇多，真得谢谢严指挥的教诲。

1961 年过完春节不久，合唱团就要去四川巡回演出，我格外高兴，因为这是我离开家乡八年第一次返乡。我们演出的节目就有《黄河》，大家都十分努力，还唱了《英雄们战胜了大渡河》，这些节目都受到四川人民的热烈欢迎，至今难忘。《黄河》在祖国各地常演不衰。

在我从事合唱42年的生涯中，参加过几场难忘的合唱音乐会，《黄河大合唱》的演出就是其中之一；那是1975年，按原词、原曲演出的《黄河大合唱》。在严指挥的主持下，集中全团力量，认真修整总谱与合唱谱，加紧排练，最终冲破阻力，在民族文化宫剧场演出，在当时引起了极大的轰动！不久粉碎"四人帮"后，在首都体育馆连演不衰，拍电影、录唱片、不断演出和对外宣传，使这一版本得以流传到海内外，严老为此做出了巨大的贡献。改革开放之后，1985年8月中旬，我们合唱团由严指挥带领107人，为庆祝反法西斯战争胜利四十周年，应邀赴港与港澳28个合唱团千名合唱团团员在九龙的红磡体育馆演出《贝九》，最后演出《黄河大合唱》。当全曲结束时，全场爆发出惊天动地的掌声和呐喊声，经久不息。我们在台上也激动不已。严指挥根本下不了台。又加演了一首《满江红》，田丰改编得太好了，最后转调达到高潮，观众也疯狂起来，我从未见过啊！最后严老将星海的夫人钱韵玲也请上台向观众介绍，又引起长时间的掌声。我默记谢幕时间长达22分钟，场面动人，催人泪下。港澳同胞爱国、爱中华之情令人感动。此刻的严指挥表现得十分潇洒自如，风采夺目，真是大家的风范和气魄！

2000年年初，我在曼谷得知他在新加坡指挥当地合唱团演出《黄河》，便立刻与"雅歌"团长黄彩鸾联络，希望请严指挥到曼谷来指挥，他们完全支持，严老也欣然同意。泰方马上紧急筹备联络，先与菲律宾的"黄河"合唱团，又与厦门"黄河"合唱团，最后和厦门歌舞剧院交响乐团约定好一同来泰合作演唱《黄河》。泰国华侨都兴奋极了。当年7月29日，在国家剧院进行隆重的演出。

这是为中泰建交二十五周年庆贺而进行的。大使馆官员和泰国的政要都出席祝贺，赞扬声不断。有老华侨流着泪说："这才是我们中华民族的精神。

谢谢你们这么精彩的表演!"

严老一点架子都没有,在曼谷为了沟通方便,请严老夫妇住在何韵团长家里,他立刻愉快地回答:"没问题,有肖铭炎和吴在蓉陪着就更方便了。"严老在曼谷的五天五夜都是我陪同的。严老语重心长地说:"你在这里干得不错,要继续传承好中华文化,为中泰文化交流多做工作。"现在时光已过23年。他的话语和身影仿佛仍在我的眼前。您的学生永远遵照您的期望前行不停留!

拿什么纪念您
——写在严良堃一百周年诞辰之际

李初建

时光荏苒，光阴似箭，在严良堃老师逝世六周年之际，又迎来他的百岁诞辰。这些日子，占据我脑海的全都是严老师——这位可亲、可敬的老头儿。

我们怀着崇敬的心情，追忆严老这位杰出的指挥家、音乐家、音乐活动家的光辉一生，缅怀他的卓著成就和高尚品格，为推动新时代音乐事业的发展，凝聚起向上的精神和奋进的力量。拿什么纪念他？我想用严老生活中留下的"碎片"来拼接一个活生生的、立体的"严老头儿"，以他作为我们前行路上的榜样！

我在严老手下做一位歌者，可谓三生有幸。与严老将近四十年的交往和情谊，历历在目，虽恍若隔世却又像昨日般清晰。在一遍遍的回忆中，我想用自己的亲身经历，为大家还原一位"立体"的严老师。

我二十岁（1973年）进入中央乐团学员班，自此走上一条从事音乐工作的艺术之路。半个多世纪的艺术生涯，大部分时间都是在严老的指挥棒下，被他引领，被他管理，被他教导，被他感动……追随着他的脚步，我几乎走遍中国，也多次随他去新加坡、马来西亚、菲律宾、美国、加拿大等国家，以及中国香港、台湾等地区演出。在他的指挥下唱《黄河大合唱》、贝多芬《第九交响曲》、莫扎特《安魂曲》、清唱剧《长恨歌》、中国艺术歌曲，以及瞿希贤的作品、田丰的作品、张文纲的作品，等等。其中《黄河大合唱》是演唱最多的，我已经记不清到底演了多少场。早已习惯了在严老的棒下"讨生活"，也习惯了不能缺少严老的每一天，然而，他却真的远行了，已经六年多了……

当年，不知是谁的"发明"，严老一直就被我们班的同学称作"老头儿"，却从未有些许的违和感。我们知道他确实是大师，是领导，是老资格、老党员、老专家、老团长，可大家从未称呼过严大师、严团长，他也从来不会因为我们叫他"老头儿"而面露愠色，觉得我们不懂事、没礼貌，因为他对年轻人永远是最宽容、最爱护的。记得在工作中遇到问题不明白的时候，我常会喊一声：老头儿，这该怎么唱啊？尽管有的问题提得很愚蠢，但他总会耐着性子解释给我们听。我们是他看着长大的，也是他教导着长大的，我们犯了错他也会批评，但更多的时候是哄着我们去改正错误。

20世纪70年代末80年代初，中央乐团赴外地演出是要自己带铺盖卷的，演出之后就睡在后台或舞台。那时候严老已是年近花甲的老人，但他跟我们完全一样，自己背着铺盖卷，与我们同吃同住同演出。那时的演出几乎谈不上有什么收入，演一场往往也就几块钱。严老付出的劳动无疑是最大的，演出结束时总会看到他一身大汗，连衬衫都湿透了。巡演时，长途行车常有险情发生，记得在1981年，我们在山西忻州演出后连夜赶往太原，路上下起大雨，演员们乘坐大轿车，严老被照顾着坐一辆北京吉普车在车队前面。突然之间，我们看见吉普打滑冲进沟里，这可把大伙儿吓坏了。幸好沟不是很深，我们冒着大雨把严老从车里拉出来，他居然还笑嘻嘻的呢……1986 年在四川，从绵阳往成都赶路，给严老开车的是位年轻的驾驶员，在难于上青天的蜀道上开车，驾驶员在弯道下坡时居然都不减速，还把头探出车外观察对面弯道的路况，这可把严老吓坏了，这事儿让他念叨了好多年呢。还记得那年在陕、黔、川的巡演，严老带着我们演出了将近四十场合唱音乐会，这几乎是他一生中最牛的壮举。在西安交大的那场演出，学生们冒着雨从下午就搬凳子在操场上等待晚上的演出，开演之前，团里有人开始争论：合唱团员年龄大小不等，淋着雨演出很容易感冒，到底演还是不演？严老看到现场冒雨等候已久的热情观众，当即果断拍板：不仅要演，还要演好。学生们可开心了，他们找来遮阳伞给严老挡雨、给合唱团员披上雨衣，最终我们在风雨中完成了这场非常成功也永远难忘的演出。

　　提到严老，就离不开《黄河大合唱》。我有幸在严老带领下演唱这部作品，在前后三十年的时光里，我既唱合唱也唱领唱，深得严老真传，可以说是严老把这部伟大的作品融入我的血脉之中。演唱《黄河大合唱》，给我的人生留下太多令人激情澎湃和无比美好的记忆。那时，中央乐团合唱队音乐会的压轴曲目，一定是《怒吼吧，黄河》，因为，它压得住，可以胜任压轴的位置。记得在"文化大革命"后期，《黄河大合唱》解禁了，郭淑珍、刘秉义、黎信昌等老师都多次与我们乐团合作。1979 年，去菲律宾马尼拉参加第一届国际合唱节时，我们也是唱了《黄水谣》和《怒吼吧，黄河》，最能引起海外华人华侨共情的作品非《黄河大合唱》莫属。

　　我跟随严老演唱《黄河大合唱》，去过抗日战争纪念馆、人民大会堂，去过中国香港、中国台湾，去过菲律宾、美国、马来西亚。1992 年，我遇到一次严峻的考验。那是我们第一次去台湾演唱，因为杨洪基老师的通行证办不下来，临时换我演唱《黄河颂》。大家都知道，原作是为男中音写的，男高音演唱就必须提高调性，演唱会相当费劲。严老当时鼓励我，让我满怀信心地为台湾同胞留下了一首男高音版的《黄河颂》。1985年，在香港红磡体育馆千人演唱《黄河大合唱》，现场那山呼海啸的盛况让人热血沸腾。后来我们又参加了广州天河体育中心的万人《黄河大合唱》，更是盛况空前。除了演出这部伟大的作品，我还跟随严老为这部巨作录制过多版音像资料，每每回放，心中对严老的怀念和感激之情总会油然而生。

严老这辈子投入精力最大的就是《黄河大合唱》这部作品。他十四岁就参加了抗敌演剧队，曾经随冼星海学习指挥，他从1940年开始指挥《黄河大合唱》，七十多年来逾千场的演出，他对每个音符、每句歌词都烂熟于心。严老热爱这部作品，他整个音乐生涯可以说是在《黄河大合唱》中走过的。这部歌颂英雄的中国人民和民族精神的不朽作品，从它诞生起就一直培育、滋养和鼓舞着严老，他把所有的情感都献给了《黄河大合唱》，为它付出的努力和劳动也最多，严老的情感、智慧、心血、汗水奠定了《黄河大合唱》在我国近代音乐史上的重要地位。

严老对艺术的严肃和严谨，还表现在台下。每次排练前，他总要让担任独唱、领唱、朗诵的演员去他家，他要把演唱和乐队的关系一一交代清楚，尤其是要把进、出的地方弄明白。第三段《黄河之水天上来》，是朗诵与琵琶独奏和乐队共同完成的段落，进去、出来十分复杂，朗诵者是瞿弦和老师，严老为瞿老师用毛笔誊抄了所有朗诵词并注明进去、出来的关系。这份手稿瞿弦和老师珍藏至今。几十年过去了，宣纸已经发黄，严老也已过世，但严老对《黄河大合唱》二度创作的感人逸事却早已镌刻在《黄河大合唱》的史册之中。

严老特别热爱贝多芬，在莫斯科留学时，他的导师曾经给他专门分析贝多芬的作品，1959年新中国成立十周年时，严老率领中央乐团在人民大会堂为国家领导人演唱贝多芬《第九交响曲》(以下简称《贝九》)，我师父魏鸣泉担任男高音领唱，这是新中国成立后的首唱，后来我们团每年都会多次演唱这部名作。我也继承了师父的衣钵，担任《欢乐颂》的领唱，值得一提的是，我几乎与我国最好的女高音歌唱家都合作演唱过这部作品。记得那时候，严老每次都会为我们分析作品，让我们明白哪里是主部主题，哪里是副部主题，哪里是双主题穿插进行，哪些乐句需要勇敢地弱下去而又不失流动性。1988年，他带领我和几个同事在云南昆明与昆明交响乐团连续演出了十场《贝九》全曲，这巨大的劳动量依然奈何不了这位六十五岁的老人！后来，严老还在北京音乐厅首次指挥了亨德尔的清唱剧《所罗门》，全曲近两个小时，其中有大量的宣叙调重唱合唱段落，男高音独唱部分由我担任。

说到《贝九》还有一段趣事，有一年德意志广播电台对全欧洲实况转播我们团在八达岭长城烽火台上演出的《贝九》全曲，第一首单曲是贝多芬的《费德里奥序曲》，然后才是《贝九》。严老上台时没有把《费德里奥序曲》的谱子拿出来，上来就做了一个《贝九》进入时弱声的、轻轻的手势，结果乐队却发出《费德里奥序曲》开始时非常坚定愤怒的几个和弦。我们几位领唱坐在指挥正对面，不由得跟严老一起都吓了一跳。乐团首席急忙告诉："严老，费德里奥，费德里奥。"这时严老才赶紧取出总谱，演出就顺利进行下去了。

严老爱憎分明，从不掩饰自己的好恶，也从不喜欢任何人恭维他。我知道，即便是在今天，如果用高大上的语言去赞美他，他老人家一定不高兴；如果用华丽的辞藻去缅怀他，他一定也不认可！这就是严老。他谦和，有时却很骄傲；他严谨，有时却也随意；他平时就像个普通的老头儿，但有时他却有着很强的身份地位感。1985 年，我们去香港首次演出《黄河大合唱》和合唱音乐会，霍英东先生全程赞助，演出大获成功。霍英东先生在宴请乐团领导和主要演员时，老头儿的身份感上来了，越是劝他吃啥他越不吃。老头儿心说：你是大老板，我也是大指挥！后来在合唱团遇到困难的时候，老头儿跟我聊天，他说有点后悔，当年霍英东非常诚恳地问严老，如果有啥困难他可以支持。可能当时老头儿的自尊心爆棚，他说："我们什么困难都没有！"谁知道后来在文艺体制改革中，把合唱团改成了附属合唱团，气得老人家大骂假洋鬼子误国误团。他说，要是当年有笔钱创立合唱发展基金就好了！他就是这样一位性情中人。

　　他无比热爱音乐，视之为生命。他气质儒雅，话语幽默，排练时他全情投入，边说边唱，频做手势，又吼又叫以至一身大汗淋漓！这是一个富有人格魅力的人，普通而又高大。他用自己的一生，为发展我国的合唱事业呕心沥血，做出不可磨灭的突出贡献。在我的生命中，有将近四十年和老头儿一起工作、一起旅行、一起看世界，在一场场演出中，留下无数难忘而美好的记忆。老头儿的潇洒、豁达、认真和对音乐的热爱和追求，深深地影响了我，他是我永远的榜样。感谢您，最亲爱的严老头儿！怀念您，最亲爱的严老头儿！

　　在纪念严老一百周年诞辰的时候，我仿佛又见到他老人家的音容笑貌，听到他的谆谆教诲，是啊，他从没有离开过我。

　　谨以此文，让大家看到一位立体的"严老头儿"！

中国合唱的基石

陈 雄

提起严良堃,人们除了敬仰还能有什么?对于外面人来说,的确如此。但对于邻居来说,则更加多样化。

我父亲陈宝庆是合唱队的第一男高音,他身边的同事经常在排练后来发牢骚,无非是说严良堃在排练时呲哒他了,甚至单独纠正他了。不过我父亲总是督促他们排练前一定要仔细认真地背谱子、试唱、找音准,就是呼吸也要跟着指挥呼吸,这样就绝不会冒泡。

我父亲是海关出身,半路出家进了乐团。后来听上海音乐学院的陈良叔叔说,是严良堃让他必须第一个把我父亲调进乐团,然后再调其他人。陈良不得不天天跑文化部,终于把我父亲从天津调到北京。其实,我们全家都非常反对,毕竟父亲的所有圈子都在天津,到北京后工资只有原来的十分之一,真正的"抛家舍业"。但陈宝庆同志力排众议去了北京,连我奶奶都没拦住。

毕竟是半路出家,连视唱练耳、识谱都得从头学,所以在一众学院派高才生中,他开始采取笨鸟先飞的办法,跟上节奏。严良堃跟我聊起我父亲时，不止一次提到："即便是'"文化大革命"'期间和乐团处于最困难的时期，你爸爸也从来没有停止过天天练声，他的歌声甚至可以在稻香村门口听到。"的确，那些视唱基础好的，人家拿到新谱子该干什么干什么，排练时拿着谱子就唱。父亲没那本事，就是后来也从来不敢相信自己已经有了这本事。拿到新谱子时，看他骑车的样子，就知道。他会飞奔回家，不吃饭，先趴在钢琴上识谱、试唱、录音，然后再用钢琴校准音高，直到满意为止。如此才有了严良堃"宝哥是合唱队里最让指挥省心的"之语。严良堃说："乐团合唱队都是好样的，都非常努力。但像你父亲那样始终如一地坚持努力的人不多，非常想念他。在我心目中，合唱队失去陈宝庆时，好像失去了大梁。"

中央乐团合唱队是严良堃一手建立的，这里不仅仅是攒一帮唱歌的那么简单，直到 2000 年我才在采访中意外发现其中奥秘，这是世界上独一无二的组建方式，只有严良堃、陈良二位知道，其他无人知晓。在询问核实时严良堃严肃地提醒我"不要提，这种事情没有借鉴、普及的可能，只有珍惜这支合唱队"。因此我没有再提此事，在此也不便透露其中的奥秘。

提到严良堃，乐团人几乎每个人都能说出一堆话，却又都不一样。记得问李德伦对严良堃的评价时，他说的是"坚忍、严谨、温暖、诙谐"。年轻时，对李德伦的评价不甚理解，直到他们去世，吾亦老矣才品出其中分量。严良堃早已成为中央乐团的一面不倒的旗帜，中国音乐史上的浓墨重彩，他的音容笑貌永远留在人们心中。他的作品会在每一个新中国历史节点中再现，他依旧为激励如今的中国交响乐团起着强大的推动力。这些人们可以从李心草指挥的《黄河大合唱》中看见，可以从合唱队延续严良堃处理的《怒吼吧，黄河》中听到。

长水奔流向东方,河流万里长。在近期观看中国交响乐团合唱团演出中,我经常情不自禁地闭目聆听,那些熟悉的处理被传承,合唱团的声音立体且厚重。这些是乐团屹立不倒的基石,是放眼望去无人可及的底蕴。这些应该归功于严良堃的神笔,让这支队伍历尽沧桑,巍然屹立。

提笔写此文时发现,严良堃和我妈妈同岁,我和中央乐团同龄。不解之缘哪!

我心中的严老头儿

左文龙

在中央乐团合唱队长达四五十年的工作中，严良堃老师给我的印象非常深刻，合唱是他毕生的事业。他指挥我们中央乐团的合唱作品，《黄河大合唱》《长恨歌》，田丰、郑律成创作的两套《毛泽东诗词五首》，贝多芬《第九交响曲》及《海韵》《牧歌》等中外合唱作品，都成为不可超越的经典。他对合唱的理解和处理是建立在他的知识和经历之上，运用了恰当的手法的处理得到的结果。

比如《忆秦娥·娄山关》中，女低音"雄关漫道真如铁"出来时，采用的连断（non legato），还有《沙家浜》的《一青松》中的连断，是很多合唱指挥不善于运用的手法，但是实际得到的效果却是感动人和惊人的效果。还有俄罗斯作曲家的许多优秀合唱作品如《悬崖》，出现的那种缥缈的朦胧感，是非常感人并让人享受的一种合唱艺术。他对20世纪30年代的合唱作品有着独到的诠释，如黄自（《长恨歌》《抗敌歌》）、赵元任（《海韵》）、贺绿汀（《垦春泥》）等人的作品，在他的诠释下，风格尽显，使人身在其中，十分享受。还有，聂耳等人的作品，虽然是一个齐唱，却被他处理成了艺术品，那里面有他经历过的抗战时期在后方的抗日宣传活动的感受和对日本人的愤慨。用他老朋友肖英的话说:"他将我们当年的广场音乐搬到舞台上,成为高雅的艺术品。"另外,他对俄罗斯的音乐情有独钟,因为他非常理解俄罗斯这个民族的困难,并欣赏俄罗斯的大自然风景,所以他可以将俄罗斯的作品处理成发自内心的同情和色彩。

在工作中,他是严谨的、严厉的。每次他在排练前,都是要做足功课,对作品深入研究,做出最好的设计。我进入中央乐团一开始就发现,只要他给出的表情,都不会改变,因此每次他排练的时候,我都可以用钢笔做记号。我至今还保留着很多当年的排练和演出乐谱,那上面就有很多他留下的痕迹。看似简单,但是这要做很多的功课,首先是要熟读乐谱,甚至背下谱子,其次是要有很丰富的作曲和指挥基础和能力。他设计出来的音乐,都是经过深思熟虑的,所以才可以成为经典和典范。

其实,我与他一起工作也有过争执和叛逆。我是《乌苏里船歌》首唱者,多次合作后,听到一位东北同事讲述了这首作品,天花乱坠后,我就想试一试,在一次演出中,就使用了那位同事说的方式。结果,等演出后,老头儿(全中央乐团对他的爱称)非常不高兴地看着我说:"你可以定下来怎么唱吗?"因为,老头儿非常尊重版本原创,不希望二次创作者即兴发挥。

在排练中,他会给老同志留面子。排威尔第《安魂曲》的第七段(最难的一段),按常规,他每次都要求以四重唱的形式,每组演唱。其中一组有一个老同志,基本就唱不下来,整个演唱中,都蒙着脸,没有声音,而老头儿没有难为他,就放过了这一组。

一次在重庆演出的时候,我是报幕,在《黄河大合唱》演唱前,我介绍说:"我们亲爱的严老师,是第一个在重庆演出《黄河大合唱》的指挥者……"但是，茹伟（当时合唱队队长）却说不是。据严老回忆说，等回到住所，我找老头儿核实，得到确认后，我就冲着茹伟大喊大叫："你不懂历史！"

早在20世纪60年代初，中央乐团合唱队到重庆巡回演出，听到了严老师指挥的合唱，我就着迷了。学声乐的，不喜欢独唱却喜欢合唱，我是独一份吧。那时候，我就幻想着可以成为中央乐团合唱队伍中的一员，在严老师的手下唱合唱，没想到1971年这个愿望实现啦，我进入了中央乐团合唱队。一开始，我听到自己的声音还不以为意，可很快就明白，个人声音的突出是不可取的，而是要追求整个合唱团队的和谐。在一开始，我在合唱团中，就可以听到各个声部，可能就是因为这个，严老头发现了我的视唱练耳不错，对排练和演出很享受，他想培养我当合唱指挥。在日常的工作中，我就经常做一些他的指挥助理工作，到后来，中央乐团合唱队在广州太平洋唱片公司录制唱片的时候，作为合唱助理，我也参与其中工作。从中我也从老头儿那里学到了很多东西。

在老头儿百年诞辰之际，忽然接到三丫头的电话，对老头儿的思念由此而生，撰写此文以纪念。

怀念指挥艺术巨匠——严良堃

王琳琳口述，段梦整理

当岁月的长河静静流淌，时光不紧不慢，它缓缓推开门的时刻，我们凝视着这个世界，怀念一位音乐巨匠。在严良堃先生100周年诞辰之际，回顾他那传世之音乐，聆听他的音符如何在时代的大潮中航行，铸造永恒的经典，很有现实意义。

严老的音乐道路是一段绵长而坚韧的旅程，它承载着音符的沧桑，也沉淀了音乐的精髓。在我个人的音乐探索中，严老的存在一直如星辰般熠熠生辉，他的音乐不仅是听觉的享受，更是灵魂的震撼。

与严老的缘分始于我的幼时。那个时候，苏联的合唱音乐风靡一时，合唱音乐开始渗入我的耳朵，而严老是中国音乐界的璀璨明星。他指挥的中央乐团合唱队，代表着全中国最高水平的合唱团体，所有重要合唱作品的演出流传都出自中央乐团的录音。严老的指挥之道展现出无与伦比的艺术魅力，他的音乐就像一颗恒星，照亮了我成长的岁月。

进入音乐学院后，我的合唱指挥艺术经历更加丰富，排练、演出了很多的作品。尤其是中国的作品，都源自严老的框架。严老指挥了贝多芬《第九交响曲》中文版在中国的首演，以及一系列大型国外合唱作品。他对小型曲式结构的独到见解，让合唱作品焕发出内在的精神与力量。他对音乐的处理成为中国几代指挥的楷模，影响深远。

严老的音乐对我来说，是一段跨越时光的传承。他是中央乐团合唱队的奠基者，而我现在也成为中国交响乐团合唱团的常任指挥。虽然身处不同的时代，却有着不谋而合的音乐理念和艺术人生，犹如隔世传承，奇妙而又难以言喻。血脉传承，将他的音乐遗产带进了新的时代。

严老的音乐是对时代的深刻见证。他根据对历史的感悟，对一些作品做了改编，使音乐更深刻地反映了时代的印记。他演绎的音乐作品，如《黄河大合唱》，承载了中国历史的沧桑。他对部分经典作品的再加工和二度创作，拓展了作曲家在谱面上的要求，成了多年来舞台上的标准。他的改编，如对田丰老师谱曲的《毛泽东诗词五首》以及一些抗日战争时期的歌曲的某些处理，都源于他对中国历史的深刻理解。这种深度的理解和再加工，在某种程度上使音乐比语言更有力量，更能表达丰富的精神世界。

在舞台上，我指挥《黄河大合唱》时依然遵循着严老的处理原则，并在坚守根基上尝试新的效果，秉承他的艺术理念，努力做到更熟练、更自然。

严老的音乐遗产不仅仅体现在他的作品中，还体现在他对音乐的严谨态度和深刻思考中。他精巧的构思、高超的指挥技艺以及扎实的功底，使他能够完美地阐释作品。他演绎音乐的过程，从思维到实践，都体现了他独树一帜并令人信服的艺术魅力。严老告诉我们，音乐不仅仅是声音，更是情感、思想和精神的传递。严老对音乐的态度还表现在他的录音上。他的录音不仅是对音乐的演绎，更是对音乐的思考。我经常会反复学习这些录音，在他的经典录音里，记录着他对音乐的贡献，这些都是珍贵的音乐宝藏。

严老身上还有一种为团队带来欢乐的神奇力量。在紧张、严肃的排演过程中，他总能够用智慧化解问题，在保持艺术标准的同时，用幽默使团队工作变得轻松愉快、高质高效。他的智慧和魅力是作为一名合唱指挥应该学习的品质。

严老不仅仅是一位杰出的音乐家，更是合唱事业的引领者。他将中国的专业合唱提高到前所未有的高度。他对中央乐团合唱队的业务建设，以及对合唱队员各方面能力的要求都非常高，这种严格要求，使中央乐团合唱队成为中国合唱音乐的顶尖团体，并对中国音乐教育和合唱团体的培养产生了深刻的影响。

严老是中国合唱指挥史上的丰碑，他奠定了中国的合唱事业的基础，影响着一代代音乐人。至今"国交"合唱团仍然保持着演出水平高、音乐作品积累雄厚以及适应能力超群的艺术特色。

最深的缅怀是铭记，最好的纪念是传承。严老的音乐将永远在时光的长河中流淌，引领我前行。这是一座丰碑，是一面旗帜，更是一种力量。

我时时会想起那位瘦小的身影，那位富有智慧和魅力的音乐大师。他的音乐不仅仅是音符的组合，更是对生活、历史和文化的深刻反思。在严老百年华诞之际，我们回顾他为中国交响乐团（中央乐团）合唱团所奉献的光辉一生，沐泽他对中国合唱音乐事业的深远影响，向这位指挥艺术巨匠致以最崇高的敬意！

严良堃指挥艺术观、人文精神和音乐美学思维

田晓宝

引 言

我曾在多个场合分享我与严良堃老师的幸运相识与师徒经历,本文不再重述。我想突出的是,从1999年严先生莅临华中师范大学教我指挥《黄河大合唱》开始,至2007年我成为他的博士研究生毕业,一直到2017年他离世,在这近20年的时光里,严老师一直悉心教诲、培养并关注地指引着我的音乐艺术成长。严老师的教导始于最标准、最学院派、最基础的指挥技法,同时又是超越性地引导指挥艺术创造性音乐的呈现,他特地为我制定了详尽的教学大纲,亲自书写教学目标和内容,甚至赠予我音响设备与音视频资料。严老师的艺术与教学之严谨艺术观、人文精神以及音乐美学思维,深深烙印在我的记忆中,铭刻在心。

然而,他的教育并不仅限于指挥教室和传统的双钢琴指挥教学中。我发现,每一次我去北京上课或严老师到武汉上课,每一次去和平里拜访老师,无论是共享音乐、品茶,或是闲聊,都成了他教育我的一部分。即使我们一

同散步或共进晚餐,他也在"润物无声"地影响着我,因为他会不断地引导我对音乐进行更深入的思考。因此,我想强调的是,严老师传授给我的不仅仅是指挥技巧,他的音乐理念、音乐思维,乃至他整体的音乐美学追求,更是对我有着深远影响。许多他当时告诉我的理念,那个时候我未必理解得很深刻,但随着我这 20 年的音乐实践积累,我才逐步对他当初的教诲有所领悟:原来老师当时说的,是这个意思!下面,我将从几个视角分享我眼中的严良堃老师以及他对我的深远影响。

一、红色革命人文精神的真挚表现

当我们提到严良堃老师时,首先浮现在脑海的可能是他指挥过逾千场《黄河大合唱》,此外,还有大型舞蹈史诗《东方红》《毛泽东诗词五首》大合唱,以及瞿希贤、田丰、郑律成等作曲家谱写的革命交响合唱作品。这些音乐作品的成功不仅生动地展现了那段峥嵘岁月的音乐风格乃至社会特征,也彰显出严老师"红色革命音乐范式"的特征。严老师自 1938 年加入抗日救亡歌咏运动以来,亲身参与革命事业,到新中国成立后的峥嵘岁月,这些经历都在严老师身上留下了深深的中国红色革命艺术印记。

让我们回归音乐的本质:音乐是什么?这个问题有多种答案,多元而开放。然而,我认为音乐是精神的表达。当我们回顾严老师指挥逾千场《黄河大合唱》时,我们应该思考为什么严老师选择了这部作品,而不是其他?我认为,严老师选择《黄河大合唱》的原因应该是与冼星海老师有关,其核心就是植根于心的红色基因,因此更重要的在于他在这部作品中找到了中国红色革命人文精神的共鸣。他的音乐深刻地表达了这一精神,因此他的《黄河大合唱》充溢着真挚的情感，是一种真诚而自然的流露，这是令无数中国人感动的。他指挥的《保卫黄河》中的那段卡农和《怒吼吧，黄河》的赋格段，就充分体现出鲜明的排山倒海式的革命气魄，充满了深刻的革命情感，可以说，《黄河大合唱》最集中地展现了严老师的红色革命人文精神。

那么，红色革命人文精神究竟是什么？我认为它是一种高尚的精神，表现为"无小我"或"忘小我"来实现家国"大我"的品质。它是中国共产党人对革命事业的执着追求，是家国情怀。在我与严老师的学习时光中，他高尚的品格和师德就如一束光，温暖着我，照亮我前行。我永远不会忘记，当严老师决定收我为学生时和我的"约法三章"：一是不交学费，二是不许给老师送礼（哪怕一件衣服，也被拒），三是和老师一同用餐不许付钱。严老师常常教导我，要学"真本事"，而不是学"虚名"。他曾非常朴实地告诉我，为什么要教我："作为合唱指挥和一个大学老师，你要将自己的艺术与国家和民族的命运紧密联系在一起。"他说："假如有一天你有所出息，就为这个国家和这个民族做一点事情，那就够了。"这正是红色革命人文精神所铸就的高尚品格，也是一种民族文化精神传承的使命担当。

二、融合红色革命音乐范式与西方古典音乐思维

也许不少人会忽略了一点，那就是严老师拥有厚实的西方古典艺术思维与音乐基础。这与他跟随冼星海老师的学习经历，以及后来在青木关国立音乐院和莫斯科柴科夫斯基音乐学院的学习有关。我想分享一件小事。严老师给我上的第一堂指挥课的作品就是亨德尔的清唱剧《弥赛亚》。老师为我量身定制的整个指挥课程（2001—2007）中西贯通，特别是以西方古典合唱经

典作品为基础：从文艺复兴"复调声乐"到巴洛克清唱剧，从古典乐派到浪漫乐派，直至印象派音乐；从莫扎特的《安魂曲》、福列的《安魂曲》、布里顿的《战争安魂曲》到威尔第的《安魂曲》，从海顿的清唱剧《四季》、贝多芬的《第五交响曲》《第九交响曲》、勃拉姆斯的《第四交响曲》、柏辽兹的《幻想交响曲》、柴科夫斯基的《第六交响曲》和《第一钢琴协奏曲》到拉赫玛尼诺夫的《晚祷》，等等。严老师后期还为我讲解、介绍了现代音乐和当代合唱作品，并分享了他对当代合唱音乐的现代作曲技法和表现手法的独特见解。严老师对西方古典音乐的深入研究和洞察力是常人所不及的。我的博士学位论文选题，探讨了西方古典合唱的和谐与崇高，也是得到严老师的智慧启发。因此，正是西方古典音乐的人文修养，以其视域赋予了严老师对红色革命音乐作品独特的艺术审美和呈现范式。

值得一提的是，田丰的《忆秦娥·娄山关》中的"雄关漫道真如铁"赋格段部分，严老师以女低音、男高音、男低音和女高音四个声部技术性融合为基础，将层层递进的中国歌唱审美特质凸显，发展成宏大叙述的美学品格，从而呈现强大的红色音乐感染力，彰显出毛泽东伟大崇高精神。当他首次向我讲授这种处理方式时，我不禁感到震惊——我赞叹于他是如何构思出这样的艺术处理的。再比如，在相当长的一段时间里，人们似乎对严老师版的《黄河大合唱》产生了一种"定式思维"。然而，我们是否真正研究过严老师对《黄河大合唱》中每个小节的艺术处理？我们是否深思过他为什么这样做？在我们传承《黄河大合唱》时，那些看似"普通""朴素"甚至"不经意"的处理，都是严老师深思和推敲的结果。他曾经与我详细诠释了宏观层面上《黄河大合唱》的结构、音乐内核及微观层面上的"rubato""rita."等艺术处理，以及语言与音乐、朗诵与音乐节奏之间的相关性。可以说，严老师对音乐的精确处理和深入设计，反映出他深邃的音乐哲学思维。

其西方古典音乐理论修养也表现在严老师对我的教学中，具体表现为严谨、严格和开放多元的对立统一。一方面，严老师的教学非常传统，他对我在指挥技巧和音乐理论（四大件）方面的要求极其严格。他在莫斯科柴科夫斯基音乐学院学习时，实际上是同时学习指挥和作曲专业，这为他后来带领和协作作曲家们修订《黄河大合唱》"中央乐团演出版"打下了坚实的基础。因此，严老师在教学上非常严格，要求我背谱上课，要求我"回炉补课"，重新学习作曲四大件等。另一方面，在音乐处理和表达上，他却充满包容和开放。他强调音乐的多样性和生命力，即多元表达。在他的教育中，他鼓励学生探索对作品的理解、演绎和个人表达。他常常要求我对音乐一个乐句提供三种以上不同处理的可能性，从而认识音乐艺术呈现与作品之间的多种可能性，然后从中选择我认为最佳的、最具创造性的音乐表达。我认为这是一种艺术家教学的特殊手段和方式，他为学生塑造了一种重要的音乐哲学思维方式，这种思维方式对我 20 年来的舞台指挥与合唱艺术表达，对我在大学合唱指挥教学中，自我提升音乐思维和敏锐度都起着巨大的作用，是无价的艺术源泉。

尊重各种不同的音乐理解，鼓励创造性表达，这些都植根于西方古典音乐中。西方音乐史充满了同一部作品不同风格和内涵的例子。这是西方古典音乐思维的基础，即思辨性的思维。随着时间的推移，我越来越深刻地认识到严老师对音乐处理的细致和精心设计，都源于他音乐哲学中的思辨性。这种思辨性并非凭空出现，而是他多年的西方古典音乐实践的结果。严老师常说："只说不练假把式。"这种积累并不是纸上谈兵的积累，而是通过一场场音乐会演出呈现出来的。严老师是一位真正伟大的艺术家，他的合唱音乐思维理念和红色革命合唱范式，深深地影响了众多的作曲家、指挥家与合唱团队，影响了 20 世纪中国合唱。

三、构建中国民族合唱音乐美学观

在 20 世纪，严良堃老师与中央乐团合唱队一起推动了一次次民族合唱、中国合唱强劲发展高峰，成为 20 世纪中国合唱音乐的艺术标志，为中国合唱事业的发展作出了开创性贡献。

严老师说，我们的合唱艺术应该"站在中华民族的文化高地上"。在我跟随严老师学习的过程中发现，他特别关注中国合唱的歌唱语言和音色的变化与选择，老师对语言与人声音色的敏感和理解有着惊人的洞察力。特别是在 20 世纪中央乐团合唱队的训练和演出中，强调歌唱语言与人声音色变化与融合，达到一个辉煌艺术高峰。严老师在歌唱、语言和色彩选择等方面有自己的独到见解。为了凸显中国民族合唱的特色，他强调男高音的音色应该明与暗、阳刚与柔美结合。这一审美特色对后来中国合唱的发展，尤其是在民歌合唱领域产生了深远影响。他指挥的《远方的客人请你留下来》《三十里铺》和《赶牲灵》等民歌合唱作品，男高音唱出中国审美取向的透彻明亮且迷人的色彩，彰显出作品的民族风格。然而，在西方古典合唱作品、室内合唱或者艺术歌曲型的合唱作品方面，他会"镇压男高音"（诙谐语义），以适应声音融合以及和谐的音乐审美需求。例如同样是民歌合唱，《牧歌》这首作品就兼顾了民歌合唱和室内合唱的特征，因此严老师在这首作品的音色选择时，就会在兼顾东蒙民歌风格时，通过男高音色彩调节来突出音色融合，来凸显这首合唱作品的和声色彩。严老师对歌唱音色的巧妙选择和处理，反映了他对音乐的深刻理解和音乐修养，是"中西合璧"的彰显。

这些都从不同方面构建了严老师的合唱艺术理念，使他能够创造性地通过中国人的歌唱审美与嗓音特色，来突出民族合唱作品的语言、音色和音乐风格，这是极其深刻的民族音乐美学观。在西方音乐引入中国的20世纪，严老师能够在借鉴西方古典音乐美学观的基础上走出一条符合中国民族合唱音乐风格和民族音乐美学观的路，对20世纪中国合唱和民族音乐的发展是功不可没的。

结　语

综上所述，严老师的艺术道路是坚定的。他构建了红色革命音乐范式，不仅仅是那个时代的艺术标志，还代表着一种红色革命人文精神，这种精神熠熠生辉，感染并影响着我辈后人。严老师的音乐视野是开放、包容、多元的，其中包括了传统西方古典音乐，他对西方古典合唱音乐的和谐美学与声音融合有着深刻的理解。同时，严老师充分地挖掘、弘扬了中国民族音乐并确立了中国民族合唱音乐风格和民族音乐美学观，为中国民族音乐的弘扬和发展奠定了坚实的基础。我们需要做的，是认真学习严老师高尚的人格，传承和发扬多元崇高的音乐美学品格，继续推进和发展中国民族音乐和中国合唱艺术达到更高的水平。让严老师的精神永续千秋！

走近大师

蓬 勃

在中国合唱指挥大师严良堃百年诞辰之际,很想写一点儿文字来纪念,但是想起跟先生相处的时时刻刻竟一时不知该从哪个方面说起。踌躇多时,最后决定还是先说说我与大师的相遇吧!

称其为大师,并非我信口开河。2005年,我与作曲家瞿希贤谈话时,提到了几位国内著名的指挥家,其中也包括严先生。我说:"这些大师……"瞿先生打断我说:"严良堃可称大师,其他人就称指挥家吧。"所以,这里称严先生大师,实为瞿先生的评定,而我走近大师,也是因为瞿先生和严先生的共同提携!

2005年9月,为了感谢20多年来瞿先生对我的关怀,我在北京音乐厅指挥了"我们和你们——瞿希贤合唱作品音乐会"。当晚,很多指挥家和音乐家出席了音乐会,严先生也来了。音乐会后不久,我第一次接到了严先生打来的电话,他肯定了我和我的音乐会,也从这场音乐会开始对我有了了解。又过了一段时间,我接到严先生女儿严镝的电话,她说:"蓬勃,你不是要跟我爸学指挥吗?我爸同意了,你给我爸打个电话吧。"接到这个电话,我蒙了！因为我没有跟任何人说起过要跟严先生学习，我以为那只是一个不可能实现的心底的愿望！所以，我没有否认这件事，只是说："我们这些后辈，谁不想跟你爸学习呢?!"然而事后，我并不敢给严先生打电话，如果得到的信息不对，我会有多冒失，也多尴尬！那一年我50岁，让自己相信天上掉了馅饼还砸在自己的头上，并不容易。几经犹豫，这个电话就是打不出去。幸而三个月之后，严镝又来电话催促。我才确信，这事是真的！

电话里跟严先生约了时间，我就登门拜访了。先生首先说："这件事瞿大姐发话了，我不能不听、不办。"此时，我才明白了事情的来由。接下来，先生又说："蓬勃，咱们俩没有师徒缘分，小聂（聂中明）把你培养成这样不容易，我不能'摘桃子'。"听先生这样说，我很感动。这句话体现了先生的高风亮节！然后，他说："所以，咱们俩只交流，不上课。"这时，我感到为难。交流应该是在相对平等的基础上进行的，我和先生的水平及能力都不能平等又谈何交流？我说："我不能跟您妄谈交流，我是来学习的。"先生说："如果你不同意交流，此事就只好作罢了。"我知道先生这么说是在给我压力，让我不得不接受"交流"之说。我说："那我就只好同意这个单向的'交流'吧。"先生听我这样一说随即严肃起来，他"啪"地拍了一下桌子说："一个礼拜三首，都得背下来！到时候你要背不下来，我站起来就走！"听他这样说，我笑了，心里也感到轻松。我想："老爷子把架势端出来了，那'交流'就是个说辞罢了！"

接下来谈好了"交流"（上课）的具体事宜，我转而去瞿先生家表示感谢，瞿先生听我说了即将跟严先生学习的事也很高兴。

跟先生学习是高效的，每个星期上三首作品的课，必须背下来，在这一点上我可不敢大意！在课上他要求严格，语言却生动。跟这样睿智的人在一起，你的思维也会转动得飞快，那种感觉真好！不上课的时候，先生是平和的，你甚至感觉不到彼此的年龄差异。他喜欢喝茶，也让我喝茶。他说："蓬勃，学指挥先学喝茶！"我喜欢喝茶，但不会侍弄喝茶的那些程序。于是，看着先生为我烧水、洗茶、沏茶，我虽然有些不好意思却也不敢说"我来吧"，因为我根本不会。先生还是谦虚的，他始终拒绝宣传他自己。曾经，我有几次提出想做一些关于先生指挥艺术的概括或总结，都被先生拒绝了。为此，我至今还感到些许的遗憾！可是不管是课上还是课下，先生的幽默总能不经意地表现出来。有一次上课，我右手抬高了一点儿，先生跳起来对我喊道："不许嚣张！"我当然知道他不是训斥我；只是提醒我那里没有必要把手的位置抬高。还有一年春节前夕，指挥家王树人让我陪着他去看严先生。一进门我就说："先生，王树人来看您了。"先生对着王树人说："哎呀！你那么老了还来看我，快请坐。"我在旁边听着，强忍住不笑出声。因为，王树人比先生要年轻十多岁呀！

虽然先生说我跟他"没有师徒缘分"，但是我又怎能不把他当作自己的老师看待呢？在那些日子里，每一次上课我都能从先生那里学习到一些深刻的艺术思想及方法，这些都极大地影响了我。与其他的老师相比较，先生教给我的是艺术思想和由此而来的表现方法，而其他老师教给我的主要是动作的规范。这是两个不同层级的学习。此外，我甚至还能体会到他对我特别的照顾。我甚至想："先生护犊子，其中也包括我吧！"比如，2015年我带着北京市教师合唱团，我想怎么样能够让这些在基层工作的老师们有更多的见识呢？为此，我冒昧地提出请先生来给合唱团做一个讲座。说冒昧是因为我知道先生已经是92岁的高龄，还能不能出来做讲座呢？没想到，当我提出了这个要求，先生没有丝毫的犹豫，一口答应下来。他还对自己的二女儿说:"蓬勃老师的事一定要办!"就这样,先生如约地来为那些老师们做了精彩的讲座,让他们也见到了一位艺术大师的风采!直至近日,我才知道那是先生生前做的最后一个讲座!

能与严先生有这样一段渊源是我的福气,跟这样的艺术大师在一起时,能学习到很多:他的睿智、他的经历、他的格局、他的生活态度、他的兴趣爱好、他对于艺术的刻苦钻研,等等。这些都反映在他的音乐创作中,对这些了解得越多,就越容易理解他对音乐的种种表现。现在,我们缅怀先生,除了纪念,更要传递先生的音乐思想和高超的指挥技艺,让我们共同努力吧!

心声：唯乐不可以为伪
——严良堃先生指挥学术思想的影响

苏严惠

自1994年6月严良堃先生受华南师范大学音乐系首任系主任雷雨声教授、第二任系主任郑会棣教授之邀，到学校作为期一周的以《黄河大合唱》为主要内容的合唱指挥大师班讲学开始，华南师范大学合唱团就与先生结下不解之缘。当年我作为年轻教师全程协助此工作，在近距离的接触中，亲身感受到严老朴实、严谨、亲切、认真的学术作风，特别是严老言传身教、坚持原则的精神，给人鼓舞与力量。

在华南师范大学合唱团与严老的合作中，重大的活动要数1995年广州天河体育中心一万五千人合唱《黄河大合唱》、1997年香港回归祖国《1997大合唱》、2001年庆祝中国共产党成立80周年《世纪丰碑》交响合唱音乐会、2010年华南师大《黄河大合唱——长恨歌大型合唱音乐会》（严老指挥《黄河大合唱》，我指挥《长恨歌》）、与香港教育学院合作雨果唱片《踏雪寻梅——黄自歌曲精选》（严老全程指导并指挥）、2013年华南师范大学"中国合唱之美——严良堃合唱指挥艺术专题讲座"。

合唱团的成长离不开严老每个阶段的教诲、鼓励和引导，我的指挥艺术生涯更是深受严老的影响。

一、我是一名音乐工作者

记得第一次见严老师，是他 1994 年 6 月到华南师范大学讲学。第一天讲课前，我负责到学术交流中心接严老到上课的地点，我按约定的时间准时到达时，发现他和夫人早已下楼等在门口。先生一身朴素的打扮，浅色的短袖上装，单肩背着一个白色的环保布袋，如此低调、谦逊、平和的形象太出乎我的想象，因为心目中先生指挥合唱的形象一直是高大威严而富有震慑力的，以至我都有点不敢相信自己的眼睛。直到先生迈开矫健的步伐，听到他话语间爽朗沉着的声音和感受他不经意间举起的手掌微张时释放的力道，才逐渐跟先生的指挥气质慢慢叠合。

记得严老每次讲学开始前总要亲自叮嘱，而且很认真严肃地提醒主办方："介绍我的时候不要用'著名的指挥家'此类的字眼。""我就是一名音乐工作者。"他经常说，一名真正的音乐家，一定要在音乐中投入与人民共同的感情，千万不能自命不凡、高高在上。2013 年秋，严老最后一次到华南师范大学讲学，出场前依然语重心长地对我们讲一名文艺工作者的职责，讲一名音乐工作者应务实进取的要求。

二、指挥的工作在预备拍上

2010 年 9 月 19 日下午，在与广东合唱音乐界人士见面交流会上，严老结合个人的学习经历，着重讲了指挥的学与用。冼星海先生是他的指挥启蒙老师,他从星海先生在《义勇军进行曲》中"起来,起来,起来"的指挥中,重新建立对指挥艺术的认识,那就是:指挥不仅仅是打拍子的,更应该是鼓舞人,能调动大家情绪的。而星海先生所说的:指挥要尽可能地掌握多种技能,但在表演运用上,切忌把所有的"能耐"都用上,不要在音乐之外卖弄功夫。这是严老一生做学问的宗旨。

在重庆青木关国立音乐院学习期间,严老在指挥老师吴伯超先生的规范要求下,完成了作为指挥严谨的基本功训练,他说:"没有规范,不成方圆。在吴先生的影响下,简洁的指挥法运用一直是我基本功练习的核心。"

1956年,严老在莫斯科柴科夫斯基音乐学院学习期间,曾跟随两位指挥家学习。在跟随尼·阿诺索夫教授的学习中,他学到了"指挥应按音乐的结构(Form)来指挥""指挥应该背谱,让曲谱变成脑子里的音乐";在跟随符·索可洛夫教授的学习中,他树立了指挥工作的职业道德,他说:"指挥的工作在预备拍上,不仅要反映在指挥技术上,更要贯彻在指挥的工作作风中。指挥应做到每次排练不迟到,在群众之中,不在群众之上。"

1997年,为筹备香港回归祖国《1997大合唱》大型交响合唱作品音乐会,广东省委宣传部主办"珠江人才库"合唱指挥培训活动,在广东选拔了一批青年指挥接受严老的专业指导,廖原、谢明晶和我等几位指挥参加了这次培训。我记得当时自己选择的两首作品是郑律成的《忆秦娥·娄山关》和马斯卡尼歌剧《村民合唱》中的合唱《圣母像前的祈祷》。上课前,严老什么都没说,从包里掏出一张他的住所广州景星酒店的信笺,上面写满了他对《圣母像前的祈祷》的作品分析,从分句、段落、结构布局到和声调性转换、力度发展变化等,都在结构图中详细标明。那时候的我,刚从中央音乐学院完成研究生学业回来,也开始注重指挥前的读谱分析工作,但严老这个无声的行动以及分析图谱中的细致和严谨，又再次让我刻骨铭心地记住：忠于原谱的深入研究，是指挥一切艺术处理的根本。而对于《忆秦娥·娄山关》的指挥运用，严老精湛的技艺和高深的艺术修养令在场的每一个人都深深被吸引和震撼；严老对中国文学及历史的解读，对中国语言音韵的音乐化处理，对作品结构起承转合、跌宕起伏的铺垫与推进，对深沉思想内涵的沉淀与饱满情感渲染的收放自如的艺术处理，都融进了每一个乐句的处理中。他在作品艺术处理中的"没有重点就没有全局"的全局观，让我在指挥的全面认识中有了一次质变的提升。

2010年，严老在指挥华南师大合唱团和香港教育学院合唱团录制黄自《采莲谣》一曲时，关于"欸乃"一词发音为"ǎi nǎi"还是"ɑo ɑi"的不同说法，严老马上查阅《康熙字典》，最后查证确认原发音为"ǎi nǎi"正确。事后严老回京，特留下墨宝记录此事，并在原稿盖上印章交与我留念，寄予了这种孜孜以求、严谨治学的精神传承！严老的厚望，谨记在心！

2016年9月，为普及和提高广东中小学音乐教师的合唱指挥水平，我在华南师大举办了一系列"指挥技法在童声合唱作品演绎中的运用"公益课程，并将授课视频发给严老请他指正。先生看后回复说："精心开展普及工作，我已经很高兴。如果有条件，应加上合唱团作示范。"先生就是这样，永远站在高处给后辈指点迷津。

三、操千曲而后晓声

严老几乎在每次的合唱指挥大师班上，都要强调："音乐专业作曲理论'四大件'——和声、作品分析、复调、配器课程是指挥的基本功。要做大量的和声和对位习题，做不够一千道题不能毕业。"严老的私章里有一枚"千曲"章，就取义于刘勰的"操千曲而后晓声，观千剑而后识器"的名句，寄语指挥的学习需要具备多方面的知识，只有靠千百遍的勤练才能获得。

每次跟严老见面，他最开心的是了解你近期开展的音乐实践活动，而在每次听完之后，他又不忘叮嘱："还要开拓指挥的艺术实践领域，有机会，还要碰碰交响乐作品。"2012年12月，"'琴系华师'2013年华南师范大学校友新年音乐会暨80周年校庆启动仪式"在二沙岛星海音乐厅交响乐厅举行，我有机会指挥广州珠影乐团准备半场的交响乐作品。11月，恰逢严老来到广州，我带上《鲁斯兰与柳德米拉序曲》总谱去见他，严老一见面，二话不说，拿起铅笔和直尺就在总谱上边画边讲，把他在乐队作品处理中大结构大线条的指挥思维毫无保留地呈现出来，给予我最直接的启发。

2016年8月，广东省普宁市委宣传部主办纪念建党95周年暨红军长征胜利80周年专题音乐会，邀请我指挥160人的合唱团及双管编制的交响乐团演绎《长征组歌》，这是普宁这个县级市建县400多年以来的第一场交响合唱音乐会，也是合唱团演出规模最盛大的一次。接到任务后，我第一时间打电话请教严老，严老的回复是："关于《长征组歌》，我还是建议浏览一下唐江指挥的影碟，这是所有该曲演唱的源头。"并指示如何找到学习资料，后来在中国合唱协会的帮助下得以实现。9月16日，93岁高龄的严老在观看演出视频后给出了这样的评语："这是一场用心做的音乐会。""指挥对音乐风格的把握是准确的，但还要按大句法打拍子。""看得出来，合唱团是花了工夫准备的。现在的年轻人能这么投入完成这件事，很难得。"最后还强调要不断潜心积累，并对我提出要坚持背谱的严格要求。先生就是这样，在后辈最需要专业支持的时候直截了当，把他所知所想毫无保留地分享和点拨，准确高效，立竿见影。

2015年，92岁高龄的严老童心未泯，学会了使用微信，这使我们之间的交流更加丰富，每次问候，他总会用广东话回应，并会发各种动图，趣味横生，但更多的时候，他还是非常关心时事，关注年轻指挥的成长。2016年10月13日，他给我发来《习近平自述：我的文学情缘》推文，无疑给我开了一系列的书单，言下之意是要我加强个人的文学修养。2017年2月1日，又发来了《中国名画大集》推文，我老实交代说这么多精品真没有看全呢，他老人家半夜回复说："无碍，心中存有这些目录，以后逐个欣赏。"

先生在退休后，每天必做的五项功课是：琴、棋、书、剑、茶。在他看似闲云野鹤般的生活中，却没有一样不与艺术相关，这样不凡俗的洒脱，让我彻底理解了"工夫在诗外"的含义。

四、唯乐不可以为伪

2013年11月，在华南师大校庆80周年的系列活动中，严老受邀在学校文化素质大讲坛做了专题讲座《中国合唱之美》。随后，在与广东合唱界的见面会上，严老借用《乐记》"诗言其志也，歌咏其声也，舞动其容也，三者本于心……唯乐不可以为伪"这段文字，强调"音乐是听的艺术，不是看的艺术，好的音乐需要用心去感受"。以此勉励合唱界要以合唱艺术启迪人、培养人。

2014年8月，我在北京与严老相聚，蒙其厚爱，书赠"心声——唯乐不可以为伪"墨宝，其中落款三枚印章分别是："严良堃九十后书"华章、方形的"坤"卦章、取自刘勰《文心雕龙·知音》之"操千曲而后晓声，观千剑而后识器"而成的"千曲"章。字字深含寓意！至此，严老的寄语成为我为乐的座右铭。

2015 年 4 月，我带领华南师大合唱团创办"心声"年度合唱音乐会，至本书出版之时已连续举办 8 季，其间主办的"中国合唱新作品创作与推广研讨会"，建立的"合唱世界——中国原创合唱新作品推广平台"，皆为谨记先生叮嘱，坚持践行中国合唱之声。2017 年 5 月 11 日最后一次见严老，我还特地把当年 4 月 29 日刚举办完的"心声——第三季合唱音乐会"的节目单和光碟带给先生，向先生汇报，至今仍记得那天下午老师握着我的手，连声说了几次："你们做得好！喜欢你们！"手上的力道依然苍劲有力，永远难忘！

在先生百年诞辰之际，当我一口气写下这多年的师生情谊，想起当年八宝山含泪哽唱《保卫黄河》送别先生，武汉花撒长江致送敬意，我竟发现自己可以不再泪水奔流，可以不再心情沉痛，而是身上蓄满了力量，一种先生在世时时刻传递给我们的激情万丈而又润物无声的精神力量。我感恩在自己艺术人生开始之时，能得先生至深的影响，我当永携缅怀之情，继续"心声"的探索之路。

师恩如明灯，照亮我一生
——追忆敬爱的人生导师严良堃

张红彬

"记住：在北京的学习，只是你人生与艺术生涯的起点，希望你能在艺术的道路上继续努力，形成自己的风格，不要完全学我，学我学得再好，也是在模仿严良堃，而你是张红彬。"这是2003年我离开北京前严良堃老师对我的教导，转眼15年过去了，严老师所传授的知识就如明灯，照亮着我形成自己排练指挥风格的道路，指引着我在艺术生涯中不断前行。严老师那坚定的眼神和殷切的语气一直鼓舞着我，严老师对我的教诲和要求我从未敢忘记。

严良堃老师是一位严师，对待艺术时，绝对是一丝不苟的。有一次严老师给我上课，学习《黄水谣》的指挥，在指挥到"自从鬼子来，百姓遭了殃，奸淫烧杀，一片凄凉"这个地方的时候，我的手势给得比较大。严老师叫停了我，问我："这里为什么要这么指挥？"我刚想开口解释，严老师一拍桌子大声说："不要用嘴跟我说！用手告诉我！这里是什么力度？"我赶快把想说的话收了回去，将手势放小，表现出应有的力度。严老师告诉我："我们的手势要恰如其分地表现艺术，不能不到位，也不能过分。"之后严老师做了示范,在老师给我示范的时候,身心完全融入音乐中,每一个手势都完美地诠释了"恰如其分",这时我切身了解了指挥手势的恰如其分是个什么概念。

严良堃老师在艺术教学中是一位绝对严格的师者,但在生活中是一位慈爱的长者。在距离云南家乡几千公里的北京,我从严老师身上感受到了亲人般的关怀与家的温暖。北京的夏天酷热难耐,从云南到北京的我对气候和饮食都不太习惯。一天到了与严老师约好的授课时间,我却中了暑,上吐下泻,头晕目眩,可我不敢耽误,坚持着去严老师家里上课。一进门严老师就看到我面色苍白,问我怎么了。我说可能是中暑了,严老师便喊他的女儿:"三儿!给红彬拿点药来。"给我吃了药,老师又让我稍作休息,看我状态好了才开始讲课。当天上课的内容已渐渐模糊,但严老师如父亲般慈爱的目光却清晰地烙印在我的心里。

珍贵的礼物并非贵重,其真正的含义在于记录着一段美好的珍贵的经历,承载着一份真挚的期望及难以报答的恩情。2003年中秋,我来到严老师的家中,与他告别。严老师赠与我一根指挥棒、一个节拍器和一份《黄河大合唱》总谱。我理解了老师的意思,收下了这份沉甸甸的礼物,并向严老师要了一张签名照。

"指挥棒"是严老师希望能够通过自己的学生,把指挥这门学问很好地传播,能够让更多的人接触到高雅的艺术。"节拍器"是对艺术的严谨,时刻提醒我对待音乐的态度要一丝不苟,再华丽优美震撼的音乐都是由精准的音符一个一个构成的。《黄河大合唱》总谱是严老师希望自己的学生能够继承先烈们吃苦奋斗的精神,能够把优秀的中华民族精神发扬开来,让中华民族的优秀作品传承下去。要一张严老师的"签名照",是我对严老师的敬爱,我想以他为我一生的榜样。我带着严老师的期望，带着这些时间的美好记忆，告别了老师，回到了家乡云南，在艺术的道路上不断地探索实践着。

严老师在 80 岁的时候，还在每天背总谱，每当我想偷懒多休息一下的时候，都会想起严老师持之以恒的精神，便放弃偷懒，继续努力。

如今，严老师虽然离我们而去，但他的精神如明灯，照亮着我向前跋涉的路，规范着我的言行，给了我一生追求的目标，为我国的合唱艺术尽一份微薄之力。我会把严老师教给我的正直、坦荡、严谨、细心与爱通过我的言行教给我的学生，感怀恩师。我也愿做学生的明灯，给他们指正方向，让他们心中充满爱。待我的学生为人师表的那一天，我希望他们也可以成为明灯，照亮千千万万对艺术充满热情与追求的学子前行的道路。

师恩如明灯，照亮我一生。明灯照明灯，不负我师恩。

严良堃：把党培养我的本领用在为人民服务上

屈 菡

2017年6月18日，著名指挥家、我国合唱艺术事业的奠基人之一严良堃先生与世长辞，享年94岁。《中国文化报》记者曾于一年多前采访过严老，聆听了他关于艺术和人生的思考。采访中，记者印象最深的一句话是：把党培养我的本领用在为人民服务上。

采访严良堃是在2016年年初的一个下午。对于访谈，严老此前一再谦虚推辞，几番沟通才答应。家人说，他答应的事，就不会含糊，接受采访前特意梳理了一下思路，做了些准备。当我们走进他在北京和平里的老房子时，桌上的茶具已经摆好，电茶壶里的水已经烧开。不一会儿，铁观音的醇香扑鼻而来，沁人心脾。

93岁的严老精神矍铄，言语间透着幽默和睿智。他的话匣子从北京音乐厅打开，那里留下太多他对音乐的坚守和执着。

故事起源于安放在北京音乐厅的一组管风琴。作为演奏西方古典音乐的乐器，在欧美国家，所有的音乐厅都备有管风琴，这是一个音乐厅设施完备的体现。北京音乐厅作为中国第一个专业交响乐演奏场所，自然也希望安置一组管风琴。

"过去中国只在教堂里有管风琴,'"文化大革命"'期间被当成四旧拆了,特别可惜。"严良堃说。20世纪80年代,北京音乐厅建成之后,严良堃带团到布拉格演出,领略到了管风琴的魅力。"捷克真是管风琴的国家,当地信奉东正教,每个城市都有一座东正教的大教堂,教堂里必有管风琴。每做礼拜时,开头10分钟会请音乐家演奏管风琴。我们坐车一路经过大城市的著名教堂,都会去听管风琴。管风琴的表现太丰富了,所有管乐乐器的音色都有,既有宏伟的气势,也有小巧细腻,作为一个音乐厅,能有管风琴,就很完备了。"严老当时憧憬着北京音乐厅里演奏管风琴的情景。

幸运的是,那次演出,严良堃得知捷克东北边境的一个城市有个管风琴厂,而且愿意为中国建造一套管风琴。严良堃实地察看了一下,与对方做了一个意向性协定,就管风琴的规模和价格达成一致。

演出结束归国,严良堃向文化部上交了一份购买管风琴的申请报告。文化部起初给了肯定的回复,并派专人去捷克考察,结果却否定了购买管风琴的申请。原来当初的报告中只写了管风琴的价格,却没有注明关税和装修的费用,这样一算,要比当初的报价高出4倍。

虽然理解了部里给出的原因,严良堃心中却始终没有放下这套管风琴。有一次在云南昆明开会,他找到当时的文化部副部长高占祥,再次提出请求:"我五线谱能搞得清楚,钱的事真是不在行。"高占祥当即回复说:"行,树高招凤凰,我想办法争取一下。"

最终,管风琴争取到了。只不过严良堃因为报价引出的误会,需要写一份检讨。"一听让我写检讨,顿时感到轻松了,检讨完了能弄来一套管风琴,挺好。"就这样,严良堃"检讨"出来一套管风琴。

对文艺工作的发展，严良堃有自己的看法："文艺是干什么的，在革命战争年代主要用来教育人民、动员人民打击敌人、消灭敌人。我们党领导的文艺事业之所以能如此繁荣，主要就是充分发挥了文艺的这个功能。"

改革开放后，文艺界也渐渐发生了一些变化。严良堃说，文化是一种精神产品，能够提高人的思想道德品质和文化修养，能够推动社会进步，但要防止庸俗甚至低俗的东西。

对于文艺在时代发展中扮演的角色，严良堃心中充满了希望。"习近平总书记在文艺工作座谈会上的讲话体现了这一点，但文艺风气要扭转，还要花一点力气。"严良堃说。

2015年，92岁高龄的严良堃再次登上舞台，指挥《黄河大合唱》。从14岁打拍子起，他的一辈子就跟音乐和指挥紧密地联系在一起。其间，他经历了抗日战争、解放战争和抗美援朝战争，并在国内和莫斯科柴科夫斯基音乐学院刻苦求学，学习作曲和指挥。"我不怎么会说场面话，就觉得自己不能丢了指挥棒，我的成长完全是党和人民培养起来的，要把党培养我的本领用在为人民服务上。"严良堃说。

这么多年来，严良堃也是这样要求自己的。当然，他也经历过诱惑，曾经有一条不费力的路、能赚大钱的路可以选择，但严良堃没有去走。为此，有人笑话他说："钱就在地上，你不去捡。""我走的这条路，是一条高尚的、有理想的路，到现在我也不后悔。"严良堃说完，露出孩童般纯真的笑容。

尽管严良堃已93岁，但他初心未变，希望把自己的技术、思想、抱负传给后来人。"93岁，跟39岁不一样了，有几年就干几年。"他笑呵呵地说。

（原载《中国文化报》2017年6月20日第2版）